北魏　騎兵俑｜駿馬蓄勢欲動，騎士遠望前方，彷彿隨時會出發。
（圖片來源：維基百科，Guillaume Jacquet）

（右上）**北齊時期墓壁畫**｜二人騎著駿馬出行，意態從容。

（右下）**北齊時期粟特人石刻**｜粟特人屬伊朗人種。古代中國稱之為「昭武九姓」，善經商，控制絲路貿易。（圖片來源：維基百科，PHGCOM）

（左）**北周時期道教石刻神龕**｜北周武帝雖也查禁道教，但佛教仍為主要打擊目標。（圖片來源：維基百科，PericlesofAthens）

北魏金製馬頭飾物｜顯示鮮卑人對馬的重視。
（圖片來源：維基百科，Editor at Large）

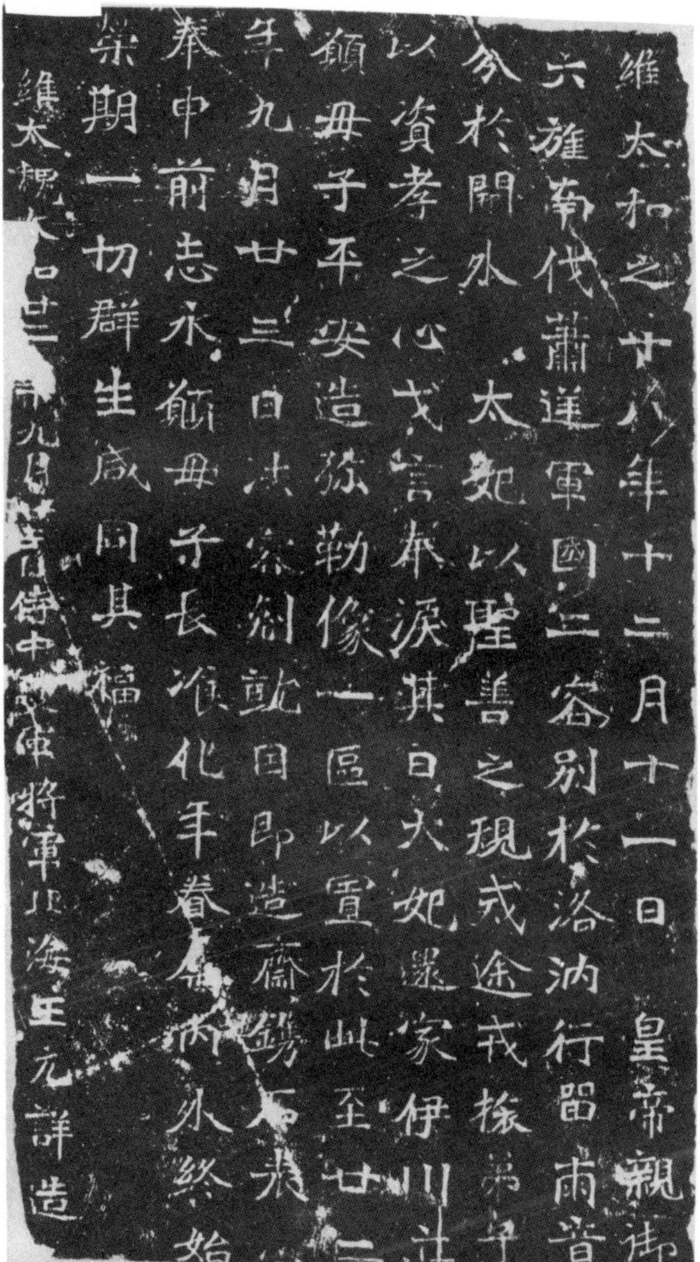

洛陽龍門石窟古陽洞元詳造像記碑｜魏碑體書法筆畫清楚，字字分明。

魏故　世宗宣武皇帝第
夫人諱顯姿河內溫人豫
州也其先有晉之苗胄矣
晉代祖司空康王播休譽
清響於司洛扶鉞南藩振
氣育窮寇之靈姿閑淑蔑
瑜生高嶺寶育洪淵世隆
冰堅彰婉奇歲顯淑笄季
累芻歛質靈龜定祥長秋
注天江雖勞雁慍如彼關
順小星重風螽斯再訓既
謝清融形歸長夜魄返餘

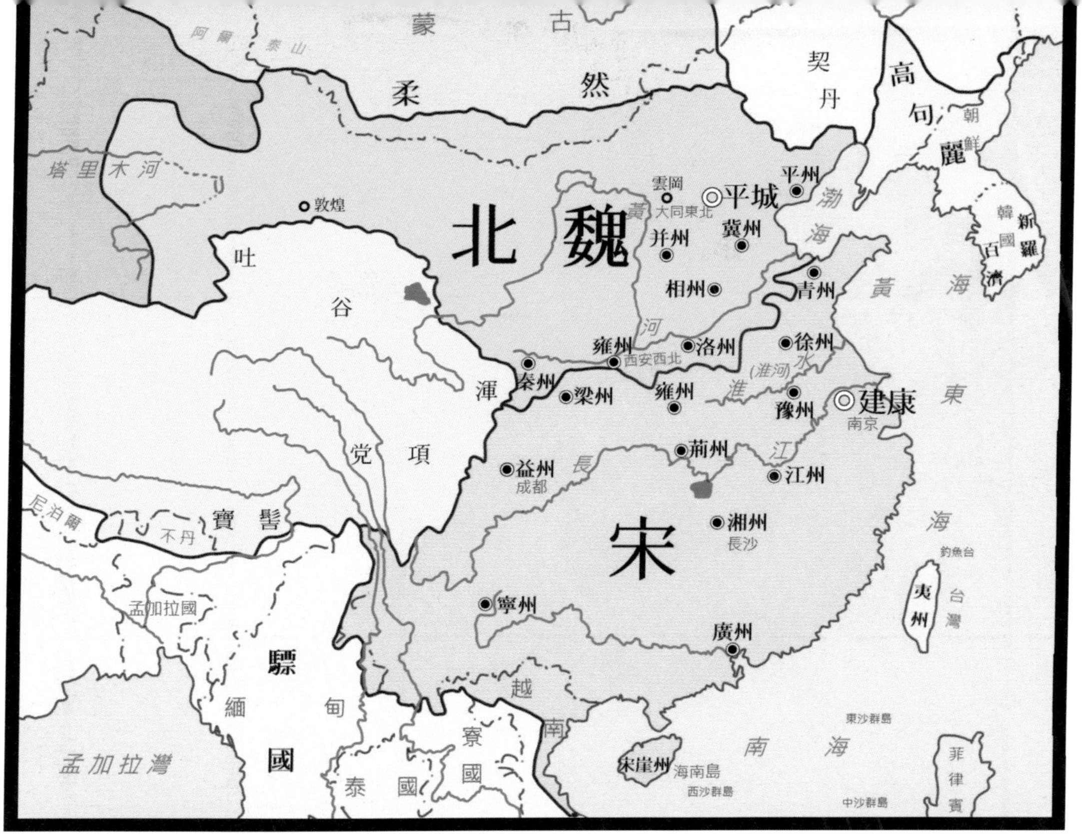

南北朝前期地圖（約四五〇年初）

南北朝後期地圖（約五七三年初）

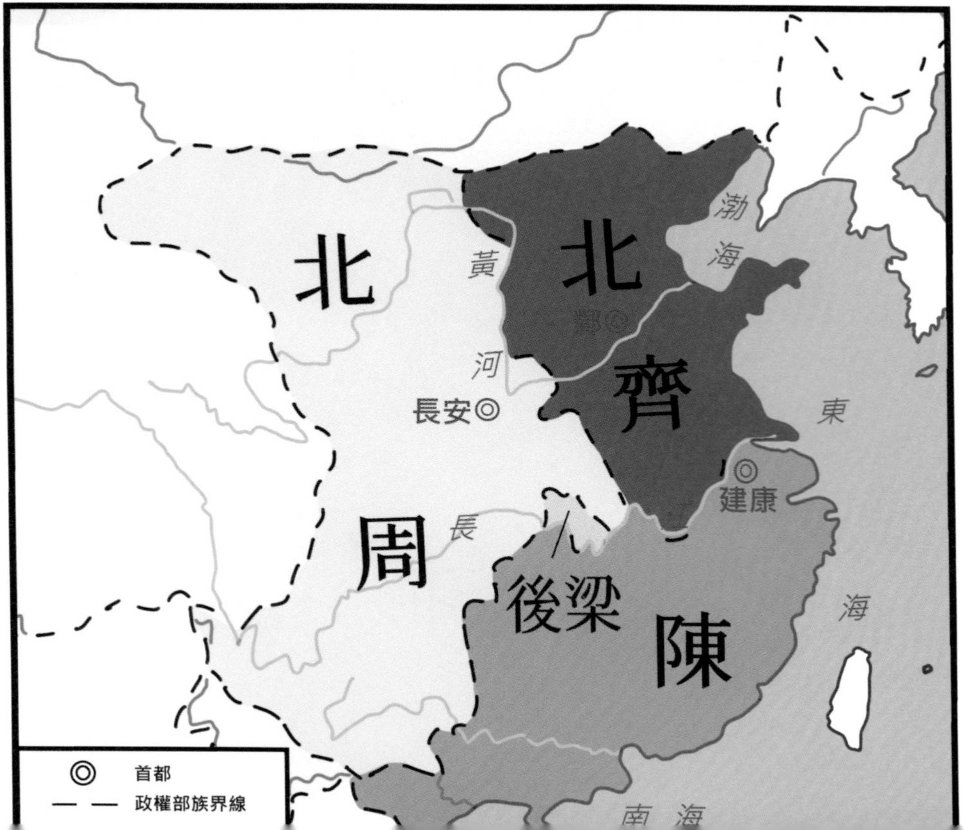

葉言都探歷史

讓我們來到北朝

看，北國天下起風雲

葉言都——著

讓我們來到北朝

【推薦二】

南北朝文史走讀，出發！

簡靜惠　洪建全教育文化基金會董事長

二〇〇三年敏隆講堂有幸邀請葉嘉瑩教授，從天津來臺北主講「談詩論詞系列講座」。在宴席間認識葉教授的姪兒葉言都老師，得知他是我臺大歷史系的學弟，當下就邀約他到敏隆講堂來開課。

葉言都老師與我都曾是許倬雲院士門下，許老師教誨我們：對社會要抱有一種共同關心，那就是學歷史的人，透過恰當的管道或方式，建立一個機制，把他們的社會關懷和研究結果，介紹給大眾。

四十多年來，我透過洪建全基金會敏隆講堂，有系統有計畫地把人文價值與關懷傳承散布！

而葉老師的民間講學書寫更是一步一腳印地落實，他以「夜讀史書系列」，讓講堂的週一夜晚，徜徉在歷史的洪流中，走入浩瀚的時空與人文交織的篇篇故事！

葉老師也是一位有高度文化鑑賞的導賞導遊者，每季固定帶講堂學員走讀臺灣，深度認識臺灣之美。

葉老師也是科幻小說家，想像力與推理能力都很強，又有家學淵源的詩詞修養。因此《讓我們來到南朝》、《讓我們來到北朝》這兩本書，肯定會給我們很大的驚喜與收穫！

【推薦二】

分裂容易統一難？——讀南北朝史有感

謝小韞　前臺北市文化局長

歲月匆匆，轉眼間在敏隆講堂上葉言都老師的歷史課「夜讀史書系列」，已數易寒暑，不僅獲益匪淺，亦深受啟發，而心中一直期待能進一步拜讀老師大作，如今終於等到了「葉言都探歷史」《讓我們來到南朝》、《讓我們來到北朝》兩書的出版問世！

博古通今的葉老師，上課時總是旁徵博引，不拘一家之言，以期學生們對歷史能有較寬廣的視野。以南北朝史為例，葉老師開宗明義指出，南北朝常被史家所忽略，然而它卻是一個政治大分裂、文化大碰撞與民族大融合的時代，在中國的歷史長河中有極重要地位。

葉老師以深厚的學養，爬梳龐雜的史料，釐清歷史的真實面貌，帶領我們走進最繁雜多變的南方與北方對立的時期，一探在隋唐前，為盛世奠下政治根基，並讓華夏文化得以璀璨發展的南北朝時代。

南北朝的對立源自東漢政局的崩潰，而山河的四分五裂，歷經四百餘年，方得定於一，成就其後的隋唐帝國。葉老師說：「分裂容易，統一難，而有可能彌平分裂鴻溝的，一是時間的沉澱，二是至少一部分人的覺悟。」

葉老師洞見底蘊的觀察與剖析，如醍醐灌頂，讓人茅塞洞開，而撥雲見日的同時，也讓人產生欲深入探索南北朝歷史的衝動，進而以古鑑今，反思我們所處當代的現實困局。

南北朝最後是以族群融合的燦爛新文化為基底，最終跳脫了漫長的分裂時期。掩卷長思，我不禁憶起《羅馬帝國衰亡史》的作者歷史學家吉朋（Edward Gibbon）的話：「我只有一盞明燈，指引我的步履，那就是經驗之燈。除了借鏡過去之外，我別無他法判斷未來。」

吉朋的傳世名言，應可與中國古語「以史為鏡，可以知興替」相呼應，而你我拜讀葉老師的巨作，或許也會猛然驚覺，遙遠的歷史竟離我們如此之近，而它就是我們腳前的一盞明燈啊！

【推薦三】

兼具歷史精準、文學抒情、說書與導覽風趣之大作

葉思芬　臺大史研所中國藝術史碩士、前臺北醫學院兼任副教授

葉言都老師是我臺大史研所的學長。我們之間最投契的興趣應該是「生活」，都想知道在不同的時代、不同的生活環境下，老百姓確實的生活狀況。我個人在敏隆講堂討論到《金瓶梅》、《今古奇觀》時，對於十六世紀明朝中晚期政治黑暗、城市發達下老百姓浮誇卻生動的真實紀錄最是好奇。而這方面，葉言都學長涉獵更廣、興致更高。他的「走讀臺灣文史」課程，就是帶著學員親自走向歷史的陳跡，實際去感受那一方水土曾經存在過的生活面貌。

如果想知道「南朝四百八十寺，多少樓臺煙雨中」柔美的南朝風致；或想知道「天蒼蒼，野茫茫，風吹草低見牛羊」豪邁的北朝天涯，那學長這兩部既具備歷史的精準，又有文學的抒情，還兼具說書的灑脫與導覽的風趣大作，會給我們最生動、最美好的答案。

【推薦四】

帶我們如旅行一般地走入歷史

胡川安　國立中央大學中文系助理教授

中國歷史不只有大一統的盛世，實際上，亂世的時間遠比統一來得長。了解中國歷史要先理解亂世，其中最為關鍵的亂世就是漢唐間的南北朝。秦漢帝國崩潰後，長期的亂世，當時的人沒有預見未來會有一個統一的盛世出現，南方和北方各自稱雄，占地為王，相互抗衡。

大一統盛世王朝的故事固然好聽，然而亂世的故事更精彩。近來很多的小說都以南北朝做為舞台，然而這些小說無視於史實，馳騁想像力，只剩小說的價值，無法讓大眾認識實際的歷史。

然而，學院裡的歷史討論又過於細緻繁瑣，一般大眾很難了解學者的語言。幸好我們有了葉言都這套《讓我們來到南朝．北朝》，既有嚴謹的歷史知識，又掌握了通俗的寫作方式，在學院與一般知識界架起了橋梁，帶我們如旅行一般地走入歷史。

【推薦五】

承載我的一雙翅膀

李蕙如　淡江大學中文系助理教授

葉言都老師是東吳大學「科幻與現代文明特色講座」課的主授老師，我曾經是那堂課的教學助理。葉老師嚴謹而周到，每堂課必到，親自接送講者；面對一百多份作業，批閱也毫不馬虎。跟老師談話，常有如在春風坐的感受，他為求職的我加油，齒縫間吐出來的每個字都無比溫暖。後來，葉老師為我的研究室寫了對聯，還與我分享創作的詩詞，讓在中文系任教的我自嘆弗如。

在葉老師出版的兩冊新書中，可看出他豐厚的文史素養。字裡行間帶領讀者遊訪江南北國的悲喜離合。相較於泛濫的碎片知識，葉老師堅持應為普羅大眾帶來宏觀的歷史脈絡，試圖化身為說書人與導遊，將一百七十年左右的歷史濃縮成兩冊精彩的文字，為讀者傳達南北朝的諸多資訊，讓我們不但可以親近纖柔綺靡的芳容，也能目睹質樸直爽的樣貌。書中貼心地附上「探訪前預備」，頗有旅遊時「行前說明會」的意味。此外，因行文所需，所引用的詩詞都加注說明，使讀者更易理解且便於閱讀。歷史重現是艱辛的，葉老師披沙揀金，將史書中的對話、場景以白話文形式呈現，展演了血腥殺戮的軍事戰場、針鋒相對的外交現場，也讓人一窺宮闈祕奧、探訪璀璨的文化成就，同時不忘附上資料出處，以供讀者查找。

在涼爽的秋日，我擁抱金風也揣想著江南煙雨與北國天下，微風揚起我的頭髮，我感覺自己在飛。葉老師甫出版的，上下兩冊的新書就是承載我的一雙翅膀。

【推薦六】

歷史導遊，葉言都絕對是靈魂人物

林婉美　文化旅行作家，現任星球旅行社總監

我在時報旅遊擔任總經理時，葉老師是董事會的財務監督。

葉老師行事風格嚴謹、史學通古貫今、熱愛旅行，還有一顆溫暖的心，很快就成為我的歷史靠山以及良師益友，除了指導我們規劃古文明旅遊的整體架構，並曾數度親自擔任旅行團的導遊；探訪吳哥窟時，順理成章地帶我們踏入《真臘風土記》的世界；遊覽臺東鹿野，則把日本移民村的年代整個召喚回來。葉老師深入淺出且具幽默感的表達能力，總讓團員讚嘆不已。幾次深刻的體驗，對於我後來將文化元素架構於旅行的吃喝玩樂之上，專注發展古文明旅遊具有關鍵性的影響，引領文化旅行成為風尚，長時間以來，葉老師已成為公司的招牌形象。

葉老師以不平凡的文采，平常人少有的熱情與耐力完成的這部巨著，用優雅流暢的文

字將歷史的厚度，以符合內容的古典詩詞再加以連綴完整，巧妙的敘事風格，讓本書具有史詩般的磅礴氣勢，加上懷著對自己高貴靈魂追尋的旅人情懷，帶領著讀者進入中國歷史上最紛擾而豐富多彩的一段時期，讀者一旦身歷其境，南北朝的形貌點滴將鮮活地留存在腦海中。

葉老師是迷人的歷史學者，也是時報文學獎「科幻小說」與「推理小說」的雙料首獎得主，更是旅行專家。如果說將了解南北朝歷史視為一次主題旅遊，喜愛歷史的讀者想暢遊南北朝，還能找到更理想的導遊嗎？

歷史導遊，葉言都老師絕對是我心目中的不二人選。

【推薦七】

歷史也能輕鬆讀

湯碧雲 《旅讀中國》雜誌總經理

人說讀歷史得智慧，從歷史中能找到今日困境的脈絡和救贖。六十歲後追隨葉言都老師在市長官邸、敏隆講堂的普及歷史課程；也多次邀請葉老師來《旅讀中國》雜誌的輕鬆讀中國讀書會，為讀者導讀介紹新進出版的重要歷史讀本。

葉老師治學嚴謹，課程緊湊豐富，或許是曾有新聞工作背景的關係，也或許是寫作科幻小說的習慣，葉老師講課會像記者或偵探一樣地在每個章節提問，點出許多現代人對歷史事件起疑的關鍵問題，再一一解析、直搗真相。

為了解讀枯燥難懂的歷史典章或大事件，葉老師課前還會以珍貴紀錄片、相關歷史場景電影、宮廷劇片段，以及珍貴圖片資料來輔助教學，讓聽講學生興味盎然地進入歷史時空。講義中也使用大小標題、前言提要、重點標注，讓結構清晰易懂；而加入的原典摘要、詩文選集等等，更讓歷史敘述有層次變化，格外好讀，我想這些都是葉老師累積十多年普及歷史教學特別用心之處。

這次葉老師選擇研究五十多年的南北朝歷史，做為第一部歷史著作題材，他期許自己像一位導遊，帶讀者回到一千六百年以前，走一趟南北朝歷史之旅。有意思的是，這位文史專家導遊會帶我們像穿越劇一樣，清楚看到大動亂時代短命君王的宮闈陰謀，帶我們考評幾十個昏君、亂君、暴君的淫亂荒誕事蹟，看看民不聊生的百姓生活；更八卦的是南北朝所有宮廷名女人的香豔故事也會歷歷在目……

這不是戲劇，這是真的歷史。葉言都老師這兩本書讓我們了解，荒謬無道的政治和戰火下百姓最遭殃，而沉重的歷史我們也能輕鬆讀！

【推薦八】

成為「葉」粉的開始

桂文亞　作家

在臺北敏隆講堂修習葉老師講述中國歷史系列課程，已進入第八年。他豐富的學養、鞭辟入裡的講述之外，也必有厚實的講義及提供學員參考的相關議題圖書，加上正課前提供半小時相關影片的賞析，豐富多元的學習，叫好又叫座。

上下兩冊南北朝歷史新著的出版，再次見證了葉老師專研歷史五十年的又一次豐收。除了嚴謹治史，他也是浸潤文學多年並具深厚寫作修養的小說家，因此當讀者閱讀這兩冊歷史普及化作品，除了史料爬梳清晰嚴謹，論述歷史人物政爭或社會文化變遷等議題，無不呈現出生動與深刻。葉老師妙喻自己是「文化導遊」，願帶領讀者「走一趟一千六百年前的南北朝歷史專題」，捧讀之後，果不同於一般歷史教科書，沉思詠嘆流連，不知不覺地，我也成為「葉粉」了。

【推薦九】

啟發與反思臺灣的歷史地位與未來走向

涂秀琴　前摩根大通銀行首席投資辦公室執行董事

我的專業是國際金融，在外匯市場上打滾了二十多年，歷史原本引不起絲毫興趣，然而退休後，在偶然的機緣下試聽了葉言都老師的「夜讀史書」課程，竟讓我從此一頭栽入而無法自拔。葉老師的歷史知識淵博，卻能以平易近人的教學方式吸引我們一窺中國歷史之浩瀚與堂奧。葉老師不但上課資料準備充分，和學生互動頻繁，還帶許多藏書借予學生分享，做為葉老師的學生，我著實獲益良多。

南北朝和臺灣這個移民社會有諸多相似之處，同樣充滿不同種族間的衝突與融和，進而在文化、藝術和宗教上大放異彩，也孕育出隋唐盛世的基石。葉老師探討南北朝的這兩本大作，以他一貫深入淺出的方式帶著讀者走進一個「政治大分裂、文化大碰撞與民族大融合的時代」，也啟發我們從中反思臺灣當前的歷史地位與未來的走向。

【導讀】

看北朝天下如何起風雲

陳識仁　輔仁大學歷史學系副教授兼系主任

魏晉南北朝，中國歷史上著名的大分裂時代，人們對其印象，多半與戰亂、落後、黑暗、野蠻胡族等負面評價有關。也因為如此，一般人對它的了解，除了三國那一段之外，往往不如漢唐盛世或明清帝國來得深刻，連帶也沒有多大的興趣。

這是一個價值重整與制度重建的時代。當時的人們，不論帝王或世族，總在步履蹣跚中摸索著未來可行的道路。魏晉，歷經的是儒家道德失序後，社會核心價值重整的時代，隨後的南北朝，則因為北方游牧民族帶來強大的動力與活力，為瓦解後的漢帝國，重構各種制度以因應局勢的需求。可見，在這亂世之中，處處充滿著引爆各種可能性的巨大力量。

現在，擺在讀者眼前，由葉言都老師暢談南北朝的這兩冊普及讀物裡，他要說的，正是這個時代的後半段。他將帶領讀者，當個穿越時空的旅人，俯瞰那個令人驚心、驚異又驚豔的時代。我相信在葉老師淵博的知識與說書人的生動口吻下，一定能為讀者帶來一場精彩的南北朝饗宴。只是，在啟程之前，且容我權充領隊，先以這篇導讀，向讀者們介紹北朝的重要大勢。

始與終

西元四二〇年，出身北府軍團將領的劉裕，結束南方的東晉國祚，創立國號為「宋」的新王朝。大約二十年後（四三九年），鮮卑拓跋族人所建立的「魏」國，在拓跋燾的領導下，結束長達百餘年的十六國亂局，統一北方。南北雙方在相當接近的時間裡，各自終結舊時代，成立新王朝，並揭開對峙競爭的局面，此即中國歷史上的「南北朝」時代。直到西元五八九年，隋文帝滅陳，天下再度統一為止。

拓跋崛起

鮮卑，是一個很廣泛的民族稱呼，主要在今日的遼東以北到大興安嶺一帶活動。若依照活動的地域區分，最先出現在漢人文獻記載裡的是東部鮮卑，他們與一支被稱為烏桓的民族，都曾被強大的匈奴役使，稱為「東胡」。後來歷史上常見的段部、宇文部、慕容部，即屬東胡後裔。

匈奴勢衰之後，草原上的民族發生大規模的移動，據說慕容部有兄弟爭吵，哥哥忿而率眾離開舊居地，遠徙到今日青海東部一帶，即是吐谷渾。另外，十六國當中，建立西秦的乞弗部以及南涼的禿髮部，分別在今天的甘肅榆中、青海西寧附近活動，這是西部鮮卑。

至於原本居住在大興安嶺一帶，歷經數代人遷徙，最後活躍於今日內蒙古與山西交界一帶，先後建立代國與北魏王朝的拓跋部，可稱為北部鮮卑。拓跋人在史籍出現的時間最晚，但成就最大，甚至奠定日後隋唐帝國的制度基礎。有日本學者從中亞、北亞的角度出發，將北魏、北齊、北周、隋、唐一系列王朝，稱為「拓跋國家」，在歷史上的影響極為深遠，說明拓跋確實是後起之秀。

孝文漢化

北魏的漢化並不始於孝文帝，但孝文帝確實在中國歷史上以推動全盤漢化而知名。如果，要形容北魏一個半世紀（三八六～五三四年）以來的文化變動——究竟要保持本族文化還是學習漢文化？這一路走來，真可說是跌跌撞撞，不怎麼順利。

好不容易，孝文帝以過人的意志力推動全面漢化，不僅當時就遇上像元丕父子這樣的公開反對者，甚至還牽扯到太子元恂的謀反事件。也有人認為，孝文帝全面漢化後不到半個世紀即分裂的歷史事實，說明對拓跋人而言，拋棄本族文化是一段煎熬的歷程，漢化也就不能簡單地定調為一場成功的改革。

其實，早在拓跋珪的時代，實施「離散諸部」時，就反映出拓跋族人必須在十字路口做出抉擇——要繼續當鬆散的草原部落聯盟領袖，還是要建立一個皇權集中、能號令天下的國家？此間的取捨，恐怕是歷史上所有非漢民族進立中原地區後，都要面臨的問題。

東西之爭

孝文帝漢化與遷都洛陽的行動，導致南方以洛陽為中心的漢化（文）集團與北方以六鎮為代表的胡化（武）集團的對立，形成「一個北魏，兩個世界」。六鎮之亂最終還是在內部的矛盾激化下揭開了，日後爾朱榮集團雖然暫時平定亂動，但他顯然沒有能力解決問題，權力分別落在已經胡化的高歡與宇文泰手中，帝國從此一分為二。

東、西魏分裂之初，不論國土、軍事、經濟或人才，東魏的高歡所掌握的資源，遠遠超過西魏的宇文泰。如果攤開當時的國際形勢圖，會發現國力寡弱的西魏，被東魏、突厥、吐谷渾、南梁等幾大政治勢力包夾，當時的人說：「齊（即東魏）謂兼并有餘，周（指西魏）則自守不足」，真可謂在風雨飄搖之中。

然則，歷史的結局，卻是由不被看好的北周併滅了北齊，彷彿今日觀賞球賽時所說的「大逆轉」。乍看之下，似乎比小說更加戲劇性，但若靜心探究，則不難體察出其中的發展軌跡。

高歡從爾朱集團手中接收了絕大部分的北鎮軍人，這群仇視漢人的武人，同時也是一股反漢化的勢力。高歡並非不知道國內存在嚴重的胡漢矛盾問題，他曾請人分別向鮮卑人及漢人說明雙方互補的必要性，動之以情、說之以理，試圖緩解彼此矛盾，但從事後的發展來看，顯然成效不彰。

現代啟示

周一良先生用「大鮮卑主義」形容瀰漫在東魏朝野的時代氣氛，代魏建齊的高洋及其繼任者，不但無法化解矛盾，皇室的動盪與政治的黑暗，甚至使局勢更加惡化。

反觀西魏，最初只靠三股勢力支撐：隨宇文泰進入關中的北鎮軍人、關隴河東地區的土著豪族、隨孝武帝西奔入關的魏帝餘殘勢力。但人數都不多，力量寡少，加上前述極為險峻的國際形勢，領導人宇文泰勢必得設法壯大自己。

他不像高歡用上浪費唇舌的溫情攻勢，而是採取建立制度的方法，弭平彼此間的差異性，進而強化認同感。例如，以府兵制度為中心，外層裹以政治號召與文化政策，後續透過幾次的改良修正，把三股勢力不分胡、漢，結合成一個關係緊密，認同關隴本地的軍事指揮與政治統治集團。陳寅恪稱此為「關中本位政策」，形成的政治集團勢力即為「關隴集團」，其影響直到隋唐時代。

隨著南北朝走入歷史的尾聲，北方有西魏北周透過制度摶聚認同，不斷壯大自我力量；南方則見到平流進取的門閥子弟，欠缺磨練而快速腐化。這兩者之間可有任何共通之處？競爭壓力的有無與改革動力的強弱，可否做為我們神遊南北朝歷史歸來後的現代啟示呢？

北朝的大勢既如上述，其間的細節與故事又是如何呢？這就要請葉老師用其生動的筆法，帶領各位來一趟深度的北朝歷史之旅了。

自序

這部書的內容是對中國南北朝歷史的普及性敘述，著作目的是提供普及性的南北朝歷史給社會大眾，並推廣歷史書寫的普及化，構想是效法觀光事業，將了解南北朝歷史視為一次專題旅遊。我願藉這部書將自己過去接觸這段歷史的經驗與感想提供出來，嘗試以導遊的身分，陪同諸位讀者回到將近一千六百年以前，走一趟南北朝的歷史之旅。

我們生活在四度空間中，時間是第四度空間。有了時間這個維度，我們可以從現在向前方眺望，想像以後的狀況，想出的就是科幻；我們也可以從現在向後方眺望，觀察從前的狀況，看到的就是歷史。

人在實質的旅遊中，身體會移動到不同的地理位置，亦即在三度空間中向他方轉移，去接觸自己感興趣的地方。人的心智也可以在第四度空間中向後方轉移，移動到以往的某個時間位置，去接觸自己感興趣的歷史。這種心智的活動，其探訪的意義等同實質的旅遊，可以稱為「歷史旅遊」。這部書就是以歷史旅遊觀點寫出的南北朝歷史書，若稱為「南北朝歷史旅遊導覽」亦無不可。

寫這部書以來，我一直努力把握它的內容與風格，希望採用較為寬廣的角度，放大對南北朝歷史的視野，在「宏觀歷史」的概念下，不汲汲於一人、一物細節的描述，而為社會大眾提供對那段時期的整體概念性理解。我認為這是臺灣目前缺乏的，其他中文地區也很類似。南北朝史事紛紜，這部書並不追求全面性的涵蓋，僅願先提供必要的記載原文，做為資料來源的見證，然後從宏觀視角考察，以普及歷史的筆法發揮，就事論事，對當時影響重大的關鍵深入分析，以提供有志進一步探索南北朝史的人一條入門途徑。

任何後代人寫的歷史書，必然受到作者背景與先入為主觀念的影響；然而也就因為如此，歷史才能一再被重新詮釋，重新發現。太史公司馬遷因此以「成一家之言」為職志，著作《史記》；義大利史家克羅齊（Benedetto Croce, 1866-1952）也因此有「一切真歷史皆當代史」的名言。我熱愛歷史，也熱愛文學，曾習作中國古典詩詞，寫作這部書時，為追求歷史的厚度，會引用古代詩家詞人的相關作品，都註明作者；然而如此一段時間深深浸沉於南北朝歷史的情境下，寫作之際，竟使某些符合古典詩詞章法的隻句片語，有時突然在我腦海中浮現，當即記下，再加以連綴完整，就是各章最前面的詩詞。於是這部書的各個段落，成為以我習作的詩詞開篇，居然有些古典說書的風格，也算歷代史家先賢著述的各種南北朝史書之外，另一種敘述方式吧。

時間是延續的，歷史是延續的，面對這種不斷延續的特性，接觸歷史不妨先進行宏觀的歷史探訪，再深入於符合自己志趣的歷史各個單元。然而值此網路文化涵蓋一切的時代，普及歷史的敘述呈現碎片化，以致社會大眾視接觸歷史為獵奇，得到的碎片知識成為談助，還不見得是真實的，這是歷史教育與歷史傳播的危機，也是歷史的危機，應該得到重視，史學界也有義務提供解決的方法。

中國南北朝的歷史特色鮮明，意義重大，值得進行普及式的歷史旅遊，更不應被碎片化、獵奇化、談助化，我因此敢於不揣簡陋，抱著提供南北朝歷史旅遊基本資訊的心願，將這部宏觀性與重點性的南北朝歷史書以現有的面貌，呈現於諸位讀者之前。

葉言都寫於二〇一九年七月

楔子

歷史上曾經有一段持續一百七十年以上的時間，中國分裂為兩半，一南一北，各據一方，互相對立。它們各自統一了傳統中國一半的領域，卻都無法征服對方，將全部中華江山置於版圖之中，這段期間就稱為「南北朝」。兩方水土養成兩方人，時間久了，住慣南方或北方環境的兩批人，都發展出屬於自己獨特的文化，在中國的大地上同時並存。那個時代，曾出現過這樣的情景：

這邊，北魏孝文帝剛發布命令，規定以後朝堂上大家都要說漢語；楊白花將軍從北魏的南方前線向南眺望，他有一個不得已的決定，已經下定決心執行；顏之推將家裡的子弟聚集一堂，教導這些年輕人怎樣在胡人政權做官；賈思勰滿腦子的和麵、揉麵，他的《齊民要術》已經寫到第八十二章〈餅法〉，就快寫完了；而甘肅天水的麥積山上，一位長裙曳地，雍容華貴的大周三品官夫人正帶著一群侍女，走進一座滿牆佛畫的石窟還願……

那邊，梁武帝不理會群臣勸阻，動身前往同泰寺捨身，這是第三次了；吳明徹將軍正在一艘戰船上指揮攻擊屬於北齊的壽陽城，乘船攻城是他的獨門戰法；謝靈運則得意地帶著幾百個隨從，用他發明的特殊技巧登山，還不時吟上幾句詩；陶弘景仍在油燈下揮筆疾書，為快要完成的《本草經集注》再添加一些自己發現的藥；而江南水鄉澤國的彎曲河汊中，一位褲褶被春水濺溼的年輕採菱姑娘展開嬌美的歌喉，曼聲輕唱〈子夜歌〉……

南方氣候溫和溼潤，草木茂盛，物產豐富，魚羹稻飯足以溫飽，又有長江天險，得以長期立國，也容易較為安定。南朝在這種條件下立國江南，發展出以精緻優美著稱的文化，充滿浪漫甚至頹廢的氣息。

實際控制這優美之地的是世族。南朝是世族發展的高峰，南朝的政治、經濟、社會與文化被世家大族全面控制，成為中國自周朝以後，極少數近似貴族社會的時代。相對地，南朝的皇室則常因出身門第不高，顯得欠缺教養。既然政治格局已定，少有發展空間，很多年輕的皇帝便成為帶著世紀末色彩的放縱者，在頹廢中狂亂享樂。

宗教與思想發達是南朝的另一特色。「南朝四百八十寺，多少樓臺煙雨中」是唐代大詩人杜牧的名句，其實南朝香煙紛紛，鐘鼓處處，何止四百八十寺？南朝曾有過舉國家之力以崇佛的皇帝，所以中國佛教的發展過程中，南朝具有關鍵地位。面對佛教大舉傳播，孔子的「未知生，焉知死？」已不足以應付，南朝的儒家學者遂不得不起而應變，於是出現儒家對「神」的看法與解釋，獨步中國。

這樣一個時代與它在煙雨樓臺中精緻優美、深刻思辯、還帶著一些浪漫頹廢的景色值得一趟歷史旅程，且讓我們開始一次歷史的探訪之旅，進入《讓我們來到南朝：尋，江南煙雨花落盡》，親近它纖柔綺靡的芳容。

華北連接塞外，地理上以小麥為主的農業地區緊鄰草原上肉食為主的游牧地區，胡人與漢人頻繁接觸，影響所及，此地的文化長期受到胡風感染。北朝文化因此開闊宏大，樸素粗獷，表現在石碑上，就是字字方正，筆畫分明。在此種文化下孕育出的三長制、均田制、府兵制等，都成為中國傳統的一部分，影響深遠。

北朝的統治者或出自塞北的鮮卑族，或與鮮卑族有著密切的關係，因此北朝時期始終存在著程度不同的鮮卑文化，當然也存在著鮮卑文化與漢文化之間的矛盾與融合問題。鮮卑族文化傳統對北朝的政治、軍事、經濟以及典章制度都有深刻的影響。鮮卑文化與漢文化交會的結果，使北朝文化獨具特色。北朝的漢人世家大族面對異族政權，特別恪守家風，強調家學的傳承；反而是北朝的女性受到游牧民族社會風氣的影響，擔責任事，大膽熱情。

北朝對中原地區的長久統治，帶來黃河流域民族大融合，在中國歷史上從無前例。漢族雖被統治，北方諸族卻逐漸被漢族同化，最終融合成為同一民族。南北朝長期分裂與北方長期被外族統治，為中國注入新血輪，增添新氣質，奠定下一輪發展的基礎，是中國歷史進程中不可缺少的環節。

這樣一個時代與它在鐵馬金戈中粗獷宏大、又帶著質樸直爽的景色值得一趟歷史的旅程，且讓我們開始另一次的歷史探訪之旅，進入《讓我們來到北朝：看，北國天下起風雲》，親睹它實事求是，未脫草原風的樣貌。

正是：

鐵馬金戈跨獵鷗，杏花煙雨步虹橋；
二分天下興亡事，看了南朝看北朝。

探訪前預備

人們對北朝的印象似乎不若南朝那樣鮮明，即使在唐朝詩人筆下，以北朝為題材的詩作也難得一見，少數作品如李商隱的〈北齊二首〉是詠特定史事，尚不足以顯示北朝的整體風貌。然而我們如果因此就認為北朝面目模糊，少有值得探訪之處，那就會失去許多獨特的歷史風光。北朝，值得探訪，既然唐詩裡留下的不多，那就讓北朝人自己來說吧。請讀讀這幾首北朝的詩，暫時不去理會詩中的典故，只是嗅一嗅北朝的絲絲氣息，先隱約感受北朝是怎樣的時代：

北魏　崔鴻，〈詠寶劍詩〉

寶劍出昆吾，龜龍夾彩珠，
五精初獻術，千戶竟論都。
匣氣沖牛斗，山形轉鹿盧，
欲知天下貴，持此問風胡。

北魏　溫子昇，〈白鼻騧〉

少年多好事，攬轡向西都，相逢狹斜路，駐馬詣當壚。

北魏、西魏　董紹，〈高平牧馬詩〉

走馬山之阿，馬渴飲黃河，寧謂胡關下，復聞楚客歌。

南齊投奔北魏　王肅，〈悲平城詩〉

悲平城，驅馬入雲中，陰山常晦雪，荒松無罷風。

帶著從這些北朝詩染上的雄壯與蒼涼，現在，讓我們開始回到北朝的世界，在六個不同的領域裡探訪北朝。我們將沿著北魏的興起、變化、衰亂、分裂……一路探訪下去，再進入北朝生活與文化的領域，最後比較北朝末年東、西雙方明顯的差異，說明北朝與南北朝終告結束，中國復歸統一的原因。

北朝的歷史探訪之旅即將展開，現在做一些行前預備性的整體說明。

北朝（四三九～五八一年）

是中國歷史上南北朝分裂時期北方王朝的總稱，包括北魏、東魏、西魏、北齊、北周五個王朝，與南朝對峙並存。北朝一般從北魏太武帝拓跋燾統一北方（四三九年）算起，至楊堅篡北周建立隋朝（五八一年）為止，歷時一百四十三年。北朝與南方幾乎同時存在的宋、齊、梁、陳四朝合稱「南北朝」。

北魏（三八六～五三四年）

是北朝的第一個政權，由鮮卑族的拓跋珪所建，國號為「魏」。為與中國歷史上其他以魏為國號的政權有所區分，史稱「北魏」。初年定都平城（今山西大同），四三九年統一華北，四九三年在孝文帝拓跋宏的決策下遷都洛陽，皇帝也改姓「元」。

五三四年北魏分裂，在國家的東部與西部各出現一個政權，爭戰不休。分裂的雙方都自命正統，也都仍使用「魏」為國號，史稱「東魏」與「西魏」。東魏於五五〇年被漢族權臣高洋篡位，高洋建立齊帝國，史稱「北齊」，以與南齊有所區分；西魏於五五六年被鮮卑族權臣宇文護、宇文覺篡位，宇文氏建立周帝國，史稱「北周」，北魏至此全面結束。

東魏（五三四～五五〇年）

北魏分裂產生的政權之一，據有北魏原來領土的東部，與據有北魏原來領土西部的西魏政權對立。東魏唯一的皇帝係由鮮卑化的漢人權臣高歡擁立，建都鄴城（今河北臨漳），高歡「大丞相府」所在地的晉陽（今山西太原）為其別都。

西魏（五三五～五五七年）

北魏分裂產生的政權之二，據有北魏原來領土的西部，與據有北魏原來領土東部的東魏政權對立。西魏係由鮮卑人宇文泰擁立另一位北魏皇族稱帝所建，定都長安（今陝西西安）。

北齊（五五〇～五七七年）

北朝後期分裂時代位於北方東部的政權。五五〇年由高洋篡東魏建立，都於鄴城，以晉陽為別都。因皇室姓高，又稱「高齊」。五七七年被北周滅亡。

北周（五五七～五八一年）

北朝後期分裂時代位於北方西部的政權。五五七年由鮮卑人宇文護、宇文覺篡西魏建立，都於長安。五七七年攻滅北齊，五八一年被權臣漢人楊堅篡位而滅亡，楊堅建立隋朝，至此北朝結束。

北朝的基本領土來自北魏原有的地盤，加上北魏消滅「五胡十六國」中最後幾個國家所取得的土地，轄有中國北方，大約即秦嶺、淮河以北的地區，淮河與長江之間則是北朝與南朝拉鋸爭奪的區域。北朝的領土隨著勢力的擴大而逐漸增加，西魏時取得今四川、湖北等地，造成南北朝後期北朝領土大於南朝不少的狀況。由於創建北魏的鮮卑族最早居住於今西伯利亞東部、大興安嶺一帶，故北魏也頗具對中國東北地區的影響力。

北朝是由五胡之一的鮮卑族，或與鮮卑族有密切關係的漢族在北方建立的一系列政權，鮮卑族的影響力始終存在，故北朝各代實為漢族與鮮卑族共同建立的國家。在這種政治體制下，北方的血統、社會與文化注入以鮮卑為主的胡人新血，展現與南朝迥然不同的風貌，共同存在於當時的中國大地上。

東漢帝國崩潰後，中國動亂分裂四百年，最後收拾數百年亂局，再造中華帝國的力量來自北朝。北朝創立新制度，產生新力量，到它的直接繼承者隋唐時代發揚光大，終於能重現中國盛世。北朝是隋唐的先驅者，孕育出中國的新生命，在中國歷史文化中地位顯著，形象鮮明。

五胡十六國與北朝人口變化

自從西晉末年以來，中國進入南北分立與對抗的時期，將近三百年。這段時間如此之長，表示雙方長期勢均力敵，也都有內部的問題與局限，力量起伏不定，才導致雙方皆無法在短期內消滅對方。由於古代人口是最重要的國力指標，此種狀況可由人口的變動看出。就北方言，中國黃河以北地區自從東漢中期以來就住有胡人，呈現漢、胡雜居狀態，故論及北朝人口，必須胡人、漢人兼顧，還要注意其消長變化，因為五胡十六國時期雙方曾發生大規模的衝突，殺人無數，導致雙方都有人口的大量損失。依照鄒紀萬在《中國通史魏晉南北朝史》中歸納歷代史書資料，得出當時北方人口的變動大致如表格所述：

年代	西晉、五胡十六國至北朝時期北方人口概數變化
二六五年（西晉建國）	漢族五三七萬（不含吳，官方數字推算，有缺漏）

二八〇年（西晉滅吳統一中國）	漢族一一三一萬（全國，官方數字推算，有缺漏）
三〇〇年（八王之亂轉趨嚴重前）	漢族二三六五萬（全國，官方數字推算）
三一六年（西晉滅亡）	漢族九三五萬、胡族八七〇萬（西晉後期大動亂）
三四九年（後趙屠殺漢人後）	漢族五百萬、胡族六百萬（五胡十六國前期）
三七六年（冉閔屠殺胡人後二十五年）	漢族一千九百萬、胡族五百萬（胡族人口增長速度被冉閔屠胡減緩，胡人不敢全徵漢人作戰，漢族死亡減少，人口恢復）
五二〇年（北魏孝文帝改革後）	漢族三千萬、漢胡混血六四〇萬、鮮卑等胡族六百萬
五八一年（隋文帝篡北周建國）	漢族三千五百萬、漢胡混血五百萬、鮮卑等胡族一二〇萬（北方長期東西大戰，胡族人口大減）

從人口的角度觀察，當時北方人口數字的變化甚大，此因北方的戰爭與動亂遠較南方劇烈且普遍，又持續甚久。西晉滅亡，五胡十六國開始時，北方漢族人口由於在八王之亂中損失慘重，還有部分南遷，竟變成僅略多於胡族！五胡十六國前期民族仇殺嚴重，先是後趙皇帝石勒等胡人對漢人大虐殺，其後漢人在冉閔號召下，對胡人展開報復性的大

屠殺；除此之外，胡人各族間也會彼此殘殺，導致各族人口都大量損失。直到北魏統一北方，北朝開始後，北方漸漸安定下來，人口才能穩定增長。北魏孝文帝大力推動漢化以後，胡、漢通婚增多，也使北朝出現混血人口，而且數量不斷增加。到北朝後期，北魏陷入內亂，接著北方東西分裂，戰爭不斷，由於胡人從軍服役者多，造成北朝末期胡族與胡漢混血人口下降，這未嘗不是漢人楊堅終於能夠在北方建立隋朝，當上皇帝的原因之一。

北朝歷史的性格從人口的變動可以窺見。當南朝山明水秀中的煙雨樓臺邊杏花綻放，酒旗飄搖之際，北朝開闊平野中的鐵馬金戈正以勇武質樸的精神衝鋒陷陣，喋血作戰。鮮卑歌謠中有一種〈企喻歌〉，素以質樸、剛猛、激烈著稱，正足以代表北朝的面貌，今選錄兩首：

〈企喻歌〉四曲選二

其一

男兒欲作健，結伴不須多。鷂子經天飛，群雀兩向波。

（男兒要做壯士，結伴不必多。鷂鷹沖天飛，大群小鳥波浪般散向兩旁。）

其四

男兒可憐蟲，出門懷死憂。屍喪狹谷中，白骨無人收。

這首一千五百年前的北朝鮮卑民歌，直白到不需要翻譯。

歷史之河的流動必然有其或浮或潛的原因，北朝非但不例外，還有其特殊之處。當北朝朦朧的輪廓漸漸出現在我們面前，接下來就有幾條線索，諸如「北朝的開創者是誰？」「為什麼北朝會由他在這個時間點開創？」等，我們必須先行掌握，才能將北朝看得更清楚。至於北朝歷史進程的大致狀況，已在前述介紹北朝各代時說明。

中國北方到西晉末年時一片大亂，形成最為紛擾不安的五胡十六國時期（三〇四～四三九年）。「五胡」即匈奴、羯、鮮卑、氐、羌五個民族，用以代表漢族以外當時在中國北方居住與活動的各種民族。實際上，五胡十六國時期中國北方人口中還包含漢人、丁零人、盧水胡與匈奴人鐵弗部（鮮卑、烏桓與匈奴混血後代）等民族，可謂民族大熔爐，而其雜與亂也可以想見。

在這許多種胡人中，鮮卑族最後能脫穎而出，統一北方，建立北朝，自然有其原因，這就應該從鮮卑族早期的歷史開始說起。

鮮卑族的崛起

鮮卑族列屬五胡之一，是古代「東胡」的一支，世居鮮卑山（今大興安嶺山脈）。秦時役屬於匈奴，西漢時期向西南遷移至內蒙古東部的達賚諾爾、西拉木倫河（遼河上游支流）流域以及大澤（呼倫貝爾高原的呼倫池）一帶。東漢初年，繼續南遷。

此時鮮卑族仍然依附於匈奴之下，逐漸徙居到長城以北，又有一批轉而向西，到達青海柴達木盆地等地區，可見其分布之廣與適應力之強。漢代匈奴因為與漢朝連年作戰，損失慘重，勢力漸漸衰落，鮮卑乘機取而代之，據有匈奴舊日的土地。東漢時匈奴滅亡，更給鮮卑族非常好的發展機會。中國進入魏晉時期以後，內部動亂，鮮卑族則已逐漸發展成中國北方最強大的胡人民族。不久中原發生八王之亂，隨即出現「五胡亂華」、五胡十六國到南北朝的大分裂時期。長期的亂局成為鮮卑族的機會，得以嶄露頭角，在歷史舞臺更上一層樓。

五胡十六國時期各族混戰，殺戮殘酷又持續不絕，故越早加入戰局的胡族損失越大。五胡中的四族：匈奴、羯、氐、羌因加入戰局較早，都損失慘重，大批士兵戰死沙場，一般人民慘遭敵人屠城、滅族，最後幾乎都告滅絕，殘餘人口也或被廣大的漢族同化，或融入附近的其他民族。唯有鮮卑族因居住地偏遠，進入長城以南也最晚，又未曾深入中原，故在大混戰中損失最輕，受到的影響最小。

三三八年鮮卑族部落領袖拓跋什翼犍在今河套地區建立國家，國號為「代」，統治今內蒙古中南部、山西北部，鮮卑族才由部落型態轉變為國家形式。到三七六年，前秦強盛，皇帝苻堅出兵攻擊代國，拓跋什翼犍兵敗，奔逃時被殺，代國滅亡。雖然如此，剩餘的鮮卑人得地利之便，迅速逃回東蒙古草原老家，並未被全部殲滅。此後苻堅的注意力轉向南方，前秦於三八三年對東晉發動淝水之戰，卻在失敗後迅速瓦解，三八六年鮮卑新領袖拓跋珪回到山西北部，重建代國，同年改國號為「魏」，史稱「北魏」。

拓跋珪剛建立北魏時勢力甚為微弱，但做為拓跋家族在代國滅亡時的倖存者，生於憂患使他作戰勇敢，也善於權謀，終於能立定腳跟，打下北魏的基礎。北魏建國時正值五胡十六國後期，這個鮮卑族的國家乘其他各族力量大量耗損之際異軍突起，以五十餘年的時間東征西討，擴展地盤，從小國變大國，從弱國變強國，三十多年以後成為北方亂局中的獨強，隨即滅亡剩下的胡夏（四三一年）、北燕（四三六年）、北涼（四三九年）、後仇池（四四三年）各國，順利統一中國北方的大地，中國也從此進入南北朝。當時鮮卑族的領袖不見得了解「卞莊刺虎」的典故，但歷史機運賦予他們「後發」的優勢，符合等待「二虎相鬥，弱者死，壯者傷，一舉而殺二虎」的戰略原則，他們也能善加利用，終於成功。於是，北朝開始。

北朝歷史的輪廓大致如此。如此的北朝，這個粗莽樸素、剛健宏大的時代，中國歷史上的異類，絕對值得我們的一次探訪之旅。

資料出處

《北史》
《十六國春秋》
《樂府詩集》

第一章　北魏前期

今朝躍馬中原者，當日嘎仙洞裡人

〈少年遊〉

鮮卑嶺下幾年春　牧馬競揚塵

嘎仙洞裡　呼倫池畔　拓跋自為尊

中原逐鹿開新紀　建國掃群倫

瓜步臨江　雲岡造像　大魏起風雲

悲平城詩

南齊投奔北魏　王肅

悲平城，驅馬入雲中，陰山常晦雪，荒松無罷風。

北朝由傳統中國領域以外的一個民族所建，還持續統治半個中國一百多年，毋寧是件奇怪的事。古代中國領域沿邊的各民族若論人口，比漢族少很多，若論經濟力，無法與漢族的大片農業地區出產相比，若論文化，連文字都沒有的部落，更不及高度發展的漢族國家，何況這些民族間，甚至同族內各部落間也在對立相爭，力量往往互相抵消；然而北魏居然能從五胡十六國中脫穎而出，完成了這個幾近不可能的任務，不禁使人深感興趣。我們探訪北朝，就從這裡開始。

來自中國東北的力量

中國古代沿邊的民族雖多，但真正能夠征服中國，或至少長期領有部分中國傳統地區的卻很少。這樣的民族顯然必須具備強悍的武力，而中國農業地區也必須對他們具有致命的吸引力，才會讓他們不顧性命地拚搏入侵。在中國歷史上，具有這種能力與企圖心的民族來自三個地區：中國正北的蒙古高原、東北的東蒙草原與山嶽森林大河區、以及西方的青藏高原。三者之中，早期以來自正北方的力量最強，對中國的威脅也最大，從戰國到秦、漢時的匈奴是其代表。隨著時間的流逝，形勢漸漸發生變化，來自東北的民族力量增強，在中國歷史舞臺上的角色日趨重要，甚至最後超越來自正北蒙古高原的，二者變化的分水嶺，就是鮮卑族入主中原，建立北魏。

北魏長期統治黃河流域，形成北朝，代表從此以後，來自東北的少數民族，開始在中國歷史上占有一席重要地位，為中國歷史帶來重要影響。於是，一連串的問題浮現：鮮卑族為何能達成這種任務？北魏的建立對漢族與鮮卑族雙方造成何種衝擊？帶來何種影響？北魏深刻影響中國後，其本身又發生何種變化？等等，都有待我們在這趟歷史的旅程中探索出答案。

要回答這些問題，應從鮮卑族在中國歷史上的地位說起。

鮮卑族是中國古代歷史上第一個占有半個中國，並建立王朝持續統治的北方少數民族，也是中國古代歷史上唯一經歷從大森林開始，走過大草原，再進到大片農業地區，入主中原的北方民族。其奮鬥歷程的艱辛與悲壯，其思想觀念的轉變與發展，其風俗習慣的演進與改觀，其統治國家的魄力與局限，決定它的興起、強盛與衰落，在中國歷史上獨樹一幟，迴響不絕。

鮮卑族剛與中國接觸時，仍然保留許多傳統風俗習慣。在儀容上，鮮卑人從成年結婚起都要剃髮，剃去周圍的頭髮，只保留頭頂小部分，編成辮子，這就是南朝稱北朝為「索虜」的由來。鮮卑傳統的婚姻制度有搶婚的習俗，即「掠女為妻」，結婚時以牛羊為聘禮，婚後夫須為妻家服役。家庭中父死則妻妾由子繼承，兄死則妻妾由弟繼承；女子婚嫁前有一定程度的性生活自由，凡此都屬於北方游牧民族的社會風俗。喪葬習俗也如此，一般為土葬，屍體裝入棺材，可能用狗、馬、衣物等殉葬；但埋葬處所祕而不宣，死者的衣服、用具、車馬等要一把火燒掉。

鮮卑族的宗教信仰，傳統上祭祀天地日月星辰山川，屬於泛靈崇拜，經由「薩滿」（通靈巫師）與神鬼精靈溝通。進入中原或西遷關中、隴山至河西走廊一帶後，逐漸信仰佛教，有的人兼奉道教，與漢人相同。

鮮卑語屬於蒙古語族，與蒙古語相去無幾。進入中原後，鮮卑語逐漸加入漢語的字詞，到北魏孝文帝推行漢化政策，漢語成為通行的語言。至於鮮卑族曾否如同契丹、女真、蒙古、滿州這些族群創制本身的文字，則迄今不明。《隋書．經籍志》中記錄有以鮮卑語翻譯的中國傳統漢文書籍；但表示鮮卑語的書寫符號為何，因戰亂中典籍散失，已不得而知。

由於原鄉的地緣關係，與其他胡族比較起來，鮮卑族的眼界較廣，心胸較寬，所以始終有胸懷大志，想要統一天下的領袖出現。這也造成鮮卑族的另一特色：努力學習較為先進的文明。鮮卑族歷代皆有領袖主動提倡學習漢人文化，在五胡中屬於漢化甚深的一族。當然在漢化過程中也產生過抗拒的力量，曾屢次出現回歸鮮卑本位文化的對抗行為，但終歸失敗，代表漢化是其文化發展的主流。

總之，從中國東北地區出身的民族，因原始居住地位於草原、森林與農耕地區之間，經常累積在三種地理環境中生活的經驗，故能分別取其所長，得以向此三方面開拓，格局最大。這樣的民族具有彈性與潛力，發展性強，其活動是中國歷史進程的重要因素。自從鮮卑族建立北魏，啟動北朝開其端，以後陸續有同樣來自東北的契丹族建立遼朝、女真族建立金朝與滿族建立清朝，都紛紛循此軌跡運轉，統治中國部分乃至全部地區，成為中國歷史的重要段落。鮮卑族與北魏對中國歷史的重要性，於此充分顯現。

鮮卑拓跋氏之崛起

鮮卑族有許多部落，建立北魏的拓跋部是其中位置最東北的，早期居住於今黑龍江上游額爾古納河與北段大興安嶺之間。這個部落最早的事蹟與大興安嶺群山中的一座石洞有關。《魏書》記載，拓跋鮮卑有一座「先祖石室」，北魏太武帝拓跋燾曾派人去該處祭祀祖先。

這座「先祖石室」究竟在何處？一直是一個謎，直到一九八〇年，內蒙古的考古學家來到大興安嶺山中一處稱為「嘎仙洞」的洞窟，偶然在石壁上發現一片漢字刻石，清除泥土苔蘚一看，居然是北魏太平真君四年（四四三年），北魏太武帝派中書侍郎李敞等人來此祭祖的祝文！從此北魏祖先的發祥地得到確認，實為中國考古與歷史研究的重大收穫。

嘎仙洞遺址的重要性不只於此。這個洞裡確實有人類聚居的遺跡，出土不少石器、骨器、牙角器和陶器碎片，尤以石鏃、骨鏃為多，製工精細，但並未發現金屬器具。嘎仙洞遺址的文物說明，鮮卑族拓跋部早年以狩獵為主要生活方式，而且與文化先進的民族接觸甚晚，符合「後發優勢」的理論。

隨著人口增加，鮮卑族離開大興安嶺，進入呼倫貝爾草原，此地有呼倫池、貝爾湖兩座大湖，水源充足，草場茂盛，適宜放牧，鮮卑族從此更加繁衍壯大，這段經歷《魏書》稱為「南遷大澤」。

以後，鮮卑族把握匈奴滅亡的機會，再度南遷至匈奴原有的地盤，跨越陰山山脈，勢力更大，也開始成為中國東北方的鄰居，從此涉足長城以南的中原之地。這段發展壯大的游牧生涯，可以從一首北朝著名的民歌中想見一二：

北朝　佚名，〈敕勒歌〉

敕勒川，陰山下，天似穹廬，籠蓋四野。
天蒼蒼，野茫茫，風吹草低見牛羊。

東晉、五胡十六國時期，中國地區處於不穩定狀態，動亂頻仍。亂世往往造成人類的遷徙與散布，鮮卑族就在此時分為東、西、北三大支，各自移動，遂廣泛分布中國北方各地。最早進入中原的鮮卑族稱為「東鮮卑」，包括段部、慕容部、宇文部等；另一支鮮卑族沿長城線向西方遷徙，稱為「西鮮卑」，包括吐谷渾、禿髮部（按，「禿髮」為鮮卑語「拓跋」的另一音譯）等；較晚到達中國邊境的稱為「北鮮卑」，包括拓跋部及更晚南下的柔然等。

不少鮮卑部落進入中原後都曾在五胡十六國時代建國，如慕容氏建立的幾個燕國、禿髮氏建立的南涼與拓跋氏第一次嘗試的代國等，但國祚都不長，直到拓跋氏捲土重來，建立北魏後才一舉成功，其中的關鍵，值得研究。

北魏是世襲君主專制國家，其皇帝與皇族主導國政，國家性質與發展方向由他們決定，故探訪北魏，應該從它的皇室開始。

北魏皇室特色

北魏皇室與皇族的發展演變，可以看作是一個草原游牧部落進入中原，落地生根，其首領家族發展成中原帝國皇室的過程，這從北魏前期皇帝們的身上可以看出。

北魏前期（三八六年道武帝建國至四七一年獻文帝死為止）共有六個皇帝，其特色為：

短命：年齡有紀錄的五人平均享年三十三歲。

死於非命：六人中四人被殺。

由此可見北魏的帝位繼承很不穩定。實際上草原游牧部落領袖的繼承，本來就不如農業民族有固定的制度可以依循。中國早已實行的嫡長子繼承制度，鮮卑族卻是在接納中國文化過程中逐漸確立的，所以北魏前期的宮廷中內鬥不斷，充滿血腥，正代表鮮卑族從傳統習俗向漢人制度過渡的一種面向。

注重漢文化：北魏前期的各位皇帝對漢文化都持肯定態度，此時期的文化政策也傾向引進與學習漢文化。雖然「鮮卑基本教義派」始終存在；但並未成為主導文化方向的力量。孝文帝的全面漢化就建立在這種基礎上。

母死子貴：游牧民族的女性地位一向較農業民族高，所以鮮卑族漢化的過程中，也會遇上如何將皇室女性納入「男尊女卑」漢文化系統的問題。對此鮮卑族的做法，一如較低文化學習較高文化時常見的反應，成為矯枉過正。他們引用漢武帝晚年殺死年輕妃子鉤弋夫人，而立其子為太子的典故，各代持續推行殘酷的「母死子貴制度」：

如果後宮女性生下皇子，該皇子後來被立為皇太子時，其母若還健在，就得同時被賜死，以避免將來發生太后或外戚干政。此種習慣一直延續到孝文帝時，以前無一例外。孝文帝乃漢人女子李夫人所生，李夫人在孝文帝被立為太子時即被其父獻文帝賜死。孝文帝醉心漢化，在立其子拓跋恂為太子時，本不想將他的母親林氏處死；但將他一手帶大的祖母馮太皇太后堅決反對，孝文帝只得謹遵祖母之命照辦，結果林氏成為北魏宮廷最後一位「母死子貴」的女性。到下一代皇帝宣武帝（四九九～五一五年在位）時，就下令將這種習慣廢除，此時宣武帝的名字已經是元恪而非拓跋恪了。

孝文帝想廢除母死子貴制度，代表他已經得到漢文化精髓，應該了解孔子的「己所不欲，勿施於人」與孟子的「不忍人之心、不忍人之政」；身為漢人的馮太皇太后卻堅持傳統，則應該是考慮到鮮卑族保守力量可能的反撲，才堅持保留這種矯枉過正的早期漢化經驗，以杜悠悠之口。

三種太后：母親雖死，幼年太子還是需要人照顧，因此北魏宮廷中太子保母的地位特別重要，甚至出現所謂「保太后」，即太子的保母在太子繼位後受封為皇太后，如太武帝拓跋燾的乳母竇氏、文成帝拓跋濬的乳母常氏都是。北魏因此有三種皇太后，第一種是未曾替前任皇帝生下皇太子因此存活的皇后升格而成；第二種是皇帝的生母被追封升格而來，北魏前期皇帝即位時母親早已死去，但各皇帝即位後都會追封原是嬪妃的母親為皇太后；第三種則是皇帝當太子時的保母，皇帝即位後感念其養育之恩而加封。那位馮太皇太后即同時具有第一種與第三種的雙重身分。

雖然如此防範，北魏太后掌權的事例仍屢見不鮮，正表示文化學習的過程中，游牧部族的傳統力量仍然存在。

北魏前期的皇帝與皇室，在歷史課程中一向受到的關注比較少，導致社會大眾對他們的認識也比較少，為此在探訪北朝的過程中先行略述，畢竟他們曾長期主導北朝的發展演變。

道武帝拓跋珪（三七一～四〇九年，三八六～四〇九年在位，被殺，得年三十九歲。按，虛歲，以下同）

北魏開國皇帝是道武帝拓跋珪，他是代國王子，卻生於憂患，五歲時代國被前秦滅亡，他被迫流亡，十三歲時苻堅在淝水之戰大敗，前秦也很快瓦解，北方陷入混亂，成為鮮卑拓跋氏復國的機會。十六歲的拓跋珪掌握時機，在三八六年回到舊都盛樂（今內蒙古和林格爾）重興代國，不久改國號為魏，北魏開始。三九八年，他自稱皇帝，將國都從盛樂遷到平城（今山西大同）。拓跋珪在位時積極征戰，擴張疆土，建立制度，統一塞外，並向南發展，抵達鄴城。

拓跋珪是個漢化很深的皇帝，就像魏晉南北朝的名士一樣，喜歡服食寒食散。這是由石鐘乳、紫石英、白石英、石硫磺、赤石脂五味石藥輾為細末，混合而成的一種散劑，據說有美白、壯陽等作用，當然副作用極為劇烈。《北史》記載拓跋珪服食一段時間後，「憂懣不安，或數日不食，或不寢達旦，歸咎群下，喜怒乖常。」有時整夜自言自語不止，還產生妄想，唯恐別人對他不利，動不動就親手殺人，於是人人自危，不敢多事，導致公務廢弛，盜賊橫行，國家陷入危險局面。結果四〇九年發生宮廷政變，他也遇刺身亡。這位北魏的開國皇帝英年被殺，可說導因於追求魏晉以來漢人社會高層的時髦所致，也是鮮卑人追求漢化的另類犧牲者。

明元帝拓跋嗣（三九二～四二三年，四〇九～四二三年在位，享年三十二歲）

明元帝拓跋嗣是北魏第二位皇帝，道武帝拓跋珪之子，生母劉貴人按代、魏「母死子貴」制度，被道武帝賜死。拓跋嗣長大後，做父親的拓跋珪特別把兒子找來，當面向兒子說明殺死他母親是採用漢武帝殺鉤弋夫人典故的道理。還沒有被政治沾染的拓跋嗣震驚下「哀不自勝」，拓跋珪非但沒有讚許兒子的孝心與仁愛，反而對這個純潔的年輕人大發脾氣。

拓跋嗣回到東宮後仍然悲傷不已，拓跋珪聞訊再度召見太子，仍然純潔的拓跋嗣想遵父命進宮，卻被隨從勸止。當時已到道武帝拓跋珪晚年，在父皇性情怪異而暴虐，隨時會動手殺人的情況下，太子拓跋嗣這才面對現實，聽從勸諫，先尋求父子和解之道，沒有貿然進宮，也避免掉可能發生的父殺子悲劇。由此我們可以看出北魏帝室的成年禮是怎樣舉行，第一堂政治課是怎樣上的。四〇九年十月，道武帝為其子拓跋紹所殺，拓跋嗣由軍隊擁戴，殺死拓跋紹即位。

拓跋嗣漢化甚深，喜歡讀歷史書，對儒生親切有禮貌，還著有《新集》三十篇，闡發儒家思想。他簡賢任能，矯正道武帝晚年的亂局，幾次放出宮女以匹配鰥夫，可稱明君；又北伐柔然，南攻劉宋，都取得勝利，不愧史書對他「兼資文武」的描述。為抑制柔然南下，明元帝下令在北方邊境修築長牆，綿延兩千餘里，派兵戍守，這種情況尤其可以說明，北魏傳承至此，已經變成中國、漢族與農業性質絕不下於，甚至開始超過夷狄、胡族與游牧性質的國家了。

太武帝拓跋燾（四〇八～四五二年，四二三～四五二年在位，被殺，得年四十五歲）

太武帝拓跋燾是北魏第三位皇帝，明元帝長子，小字佛狸，即位時只有十六歲，卻已經有一國之君的風範。拓拔燾仍然採取文武並重的政策，設立太學，祭祀孔子、顏回；又修築一座「馬射臺」，親率部下在臺上跑馬射箭，射中者立即賞賜。他注重吏治，巡視時發現地方官貪汙，立刻免職。提倡節儉，飲食簡單，后妃不穿雙色以上的華服；發現當時婚禮、喪葬奢靡過分，下令設定限度；用國庫積蓄賞賜，只限有功人員，不及於親戚。國家有戰爭，常親自領兵，與士卒同冒矢石作戰，戰事激烈時左右死傷相繼，他仍神色自若。治國嚴明果斷，刑賞分明，迅速執行，官場與軍中都風紀整肅；然而也就因為如此，有時會刑罰殘酷，殺戮過多。

在拓拔燾的勵精圖治下，北魏國力進入鼎盛期，隨即開疆擴土，先後消滅胡夏、北燕、北涼，結束五胡十六國時期，統一北方；又擊潰高句麗、柔然，北魏北方的領土因此大增，在占有中國之半的同時，也成為真正的塞外強國。

北魏強大時，恰逢南朝處於劉宋初年，國力也甚為強盛，形成二虎相爭之勢，雙方都希望統一天下，結果爆發連年戰爭，已如《讓我們來到南朝》中所述。連串戰爭北魏雖然最後大勝，直抵長江邊；但也證實以當時北魏的國力與劉宋對比，仍然無法消滅對方。機敏的太武帝不失時機地主動撤軍，代表他了解真實狀況，知所進退，仍然可稱英明。

這樣一位皇帝，最後卻死於身邊宦官之手。原來太武帝南征時，命太子留守監國，宦官領袖宗愛趁機胡作妄為，與太子屬下官員發生衝突，他就惡人先告狀，誣告太子屬下官員。

剛遠征回來的太武帝不察，將這幾名官員殺死，太子也因此憂愁恐懼而亡，宗愛怕事情穿幫，決定先下手為強，竟於四五二年將太武帝拓拔燾暗殺，擁立皇子拓拔余繼位為帝，宗愛則封王，出任宰相，獨攬大權。

宗愛專權跋扈，朝野忌憚，拓跋余漸漸懷疑宗愛另有更大的企圖，謀劃削奪他的權力，宗愛再度先下手為強，又殺死拓拔余，居然創造歷史紀錄，成為中國歷史上暗殺兩個皇帝，還受封王爵的唯一宦官。

南安王拓跋余（四五二年在位，被殺，年齡不詳）

北魏太武帝拓跋燾之子。北魏第四任皇帝，在位僅八個月，無所作為。四五二年，中常侍宗愛弒太武帝，假傳皇太后命令，迎立拓跋余繼位。宗愛掌握大權，漸與拓跋余發生矛盾，於是宗愛殺拓跋余。

由宦官宗愛竟然可以如此為所欲為，連殺二帝，創中國歷史紀錄，可以看出北魏政權當時仍然未能將中央集權高度制度化，人治的色彩濃厚，這一切都有待將來。

文成帝拓跋濬（四三〇～四六五年，四五二～四六五年在位，享年二十六歲）

文成帝拓跋濬是太武帝之孫，父為太武帝之太子拓跋晃，早卒。宗愛殺死拓跋余之後朝政大亂，一群大臣誅殺宗愛，擁立已故太子拓跋晃的兒子拓跋濬為帝，是為文成帝。文成帝才智平庸，又因被大臣擁立，處處受牽制，在位十三年，並無多大作為，只有他的皇后馮氏，精明幹練，後來以太后身分掌握北魏大政二十五年，建樹甚多。

獻文帝拓跋弘（四五四～四七六年，四六五～四七二年在位，被殺，得年二十三歲）

獻文帝拓跋弘是文成帝拓跋濬長子，十二歲即位，史書說他「聰叡機悟，幼而有濟民神武之規」，可見頗有抱負；然而政權掌握在馮太后手中，他鬱鬱不得志，母子關係緊張。拓跋弘對名義上的強勢嫡母馮太后無可如何，時間久了，產生乾脆讓位的念頭，四七二年，宣布傳位於年僅五歲的太子拓拔宏，自為太上皇。拓跋弘退位後顯然內心依舊無法平靜，四七六年以太上皇身分誅殺馮太后的情夫李奕，這種報復兼賭氣的行為真正觸怒太后，應該也使太后感覺到未來可能的危險，於是敢作敢為的馮太后當機立斷，對名義上的兒子下毒，拓跋弘遂被嫡母兼養母毒死，年僅二十三歲。

獻文帝的太子拓拔宏就是赫赫有名的孝文帝，將在下一章探訪。孝文帝能成為一代名君，對北魏、北朝甚至中國歷史的進程產生重大影響，與他的祖母馮太皇太后有關，在此先介紹這位二十五年間北魏實際的統治者。

文成文明皇后馮氏，或稱文明太后、馮太后（四四二～四九〇年，享年四十九歲）

這位北魏實際的女性統治者娘家姓馮，長樂信都（今河北冀縣）漢人，出身北燕國王室。四三六年北魏滅北燕，但對北燕的王室並未趕盡殺絕，反而任用許多這個漢人世家大族的成員做官，故拓跋氏與馮氏的關係可稱融洽，雙方合作愉快，也不斷通婚，馮太后的姑母就是太武帝拓跋燾的左昭儀。文成帝即位後，實際上低了一輩的馮氏成為他的嬪妃，封為貴人，時年十四歲，後由貴人升至皇后。

文成帝的妃子李貴人生皇子拓跋弘（獻文帝），卻在拓跋弘被立為太子時，依母死子貴制度死去，太子拓跋弘則由無子的馮皇后代為撫養。四六五年文成帝死，太子獻文帝拓跋弘繼位，馮皇后被尊為皇太后。四六九年獻文帝之子拓跋宏被立為太子，其母李夫人照例處死，拓跋宏也由馮太后撫養。四七二年獻文帝退位，拓跋宏登基為孝文帝，馮太后升格為太皇太后，四七六年獻文帝因處死馮太后的情夫被馮太后毒死，北魏仍由馮太皇太后掌權，直到她四九〇年死去為止，總計馮太后主導北魏二十五年。

四六五年文成帝死後，本由丞相太原王乙渾執政，但他驕縱不法，屢次矯詔擅權，於是馮太后在四六六年發動政變，殺乙渾，取得大權，自行攝政。馮太后在攝政期間推行「三長法」、「均田法」、「班祿法」等制度，革除舊日陋習與弊端，抑制貴族圈地，努力將北魏這個以游牧為主的帝國改造成農業帝國。這些政策在她死後由孫子孝武帝繼續執行，並發揚光大，主導此後的北魏與北朝，其影響力擴及以後中國的各朝代，有些部分例如計口授田的小型自耕農經濟體系，甚至直到今日，餘風猶存，一九四九年以後在臺灣推行成功的「耕者有其田」政策即屬此類。

北魏前期的胡漢關係

「後發優勢」是北魏建國後能夠發展壯大的第一個原因，多少來自幸運；除此之外，北魏能夠站穩腳跟，打下中國半壁江山，又與拓跋氏當政者對漢族的態度有關。畢竟漢族占人口絕對多數，經濟與文化力量最強，對進入中原的胡族而言，當時可謂「得漢人者得天下」，而北魏的統治者顯然明白這個道理，並努力實行。

十六國時期，五胡君主對於漢文化多半採取友善的態度，在國家制度上學習漢人，也大量任用漢人做為謀士；但也有少數敵視漢人，壓迫漢人。對漢人而言，武力既不如胡人，則投奔可以容納並尊重自己的胡人政權，就成為亂世避禍與迂迴發展的道路。早在五胡十六國時期，幾個傾心漢化的胡人政權因為國內政治穩定，君主尊重漢人，就成為中原士庶的避難場所。拓跋氏在建立代國時就有這種經驗，捲土重來建立北魏後，仍然採取此一策略。

由於當時正值世家大族興盛的時代，拓跋氏既然志在逐鹿中原，就一直實行與中原世族合作的政策，成效顯著。北魏開國之君道武帝拓跋珪對登門求見的漢人世族皆親自接見，量才錄用；太武帝拓跋燾也曾親發明詔，禮請各地著名世族入仕北魏。另一方面，北方漢人世家大族面對外來的鮮卑統治者，為保持家族勢力與地位，勢必也要跟這個北魏統治集團合作，何況拓跋家族對漢人禮賢下士，於是雙方伸出友誼之手，水到渠成，合作愉快。這樣的合作關係主要以兩種方式表現：一為雙方通婚，二為漢人出仕。

北魏皇室與漢人大族的通婚

北魏後宮的女性來自各方，各族皆有，漢族女子入宮者頗多，故北魏許多皇帝為漢女所生，有漢人血統，如明元帝杜皇后生太武帝、文成帝李貴人生獻文帝、獻文帝李夫人生孝文帝等。這樣幾代下來，其實北魏後期皇帝的鮮卑血統並不濃厚。北朝的建立者北魏第三任皇帝太武帝拓跋燾（四二三～四五二年在位）為第二任皇帝明元帝拓跋嗣（四〇九～四二三年在位）與杜貴嬪所生，杜貴嬪是漢人，死後追封皇后，籍貫魏郡鄴城，故太武帝拓跋燾有一半漢人血統。第五任文成帝拓跋濬（四五二～四六五年在位）有史料可考的兩位妻妾都是漢人，馮皇后籍貫長樂信都，李貴人籍貫梁國蒙縣，生第六任獻文帝拓跋弘（四六五～四七一年在位），故獻文帝拓跋弘只有四分之一鮮卑血統。獻文帝與李夫人生的兒子就是鼎鼎大名的孝文帝拓跋宏（四七一～四九九年在位），李夫人是漢人，籍貫中山安喜，所以這位大力推動漢化的北魏孝文帝拓跋宏，實際上只有八分之一鮮卑血統。

北方漢人大族中，原為北燕國君主的河北長樂郡信都縣世族馮氏，因為地緣關係與其政治地位，更成為與拓跋氏幾代通婚的漢人家族，其關係如下：

第一代通婚：太武帝拓跋燾——左昭儀馮氏（遼西郡公馮朗之妹、文成帝明皇后之姑母）。

第三代通婚：文成帝拓跋濬——明皇后馮氏（遼西郡公馮朗之女）；文成帝之妹博陵公主——馮熙（明皇后之兄）。

第四代通婚：獻文帝拓跋弘之女樂安公主——司徒馮誕（馮熙之子）。

第五代通婚：孝文帝拓跋宏——第一任馮皇后（馮熙與博陵公主之女）；孝文帝拓跋宏——左昭儀、第二任馮皇后（幽皇后，馮熙之女，第一任馮皇后同父異母姊）。

北魏公主也常出嫁到漢人家族。上述的兩位公主嫁入馮家之外，為時更早的有太武帝拓跋燾之女南安公主嫁給陽平公杜超，杜超之妹即明元帝杜皇后。

由此看來，拓跋氏與馮氏、杜氏等漢人家族經過幾代通婚，已經變成你中有我，我中有你的二位一體關係，正是北方民族融合現象的代表。

這些婚姻關係也充滿北方游牧民族的風俗，對輩分並不講求。就拓跋氏與馮氏而言，這種現象應該是由拓跋皇室主導，唯馮氏等漢族世家也沒有反對。有名的例子如孝文帝的兩位馮皇后，實際上在兩個家族的關係中都比他大一輩；又如杜超本是明元帝妻兄、太武帝舅父，竟被外甥皇帝招為駙馬，娶了自己的甥外孫女，可稱極端的例子。

漢人出仕北魏政權

對北方的漢人世族來說，在異族統治下，維持世家大族的階級地位仍有風險，故以政治地位鞏固社會地位成為必須，意即他們必須出仕。幸好北魏統治者為鮮卑皇室，他們並不仇視漢人，還對漢文化頗為嚮往，雙方因此能夠長期合作。

四三一年，北魏太武帝下令招聘今山西省以東各地的名士任官，共聘來數百人。此舉之意，在於把黃河流域的范陽盧氏、清河崔氏、博陵崔氏、趙郡李氏、太原王氏、太原郭氏、河東柳氏、渤海高氏等漢人世家大族收歸旗下，使他們與北魏政權結合，為北魏政權出力，北魏則以承認他們的世族地位，並開放統治權做為回報。當時這些北方漢人世族的領袖是出身清河崔氏的崔浩，他以太武帝國師、軍師的姿態出現，加入北魏朝廷，出謀劃策，對北魏統一北方貢獻良多，從此奠定漢人世族在北魏朝廷的地位，此後其他漢人世家大族也都循這種模式，進入北魏的執政團隊。由於崔浩的貢獻，清河崔氏得到最尊貴的地位，使北方漢人世族的排序成為以崔、盧、李、鄭為前四名。

總之，鮮卑族的漢化是由上而下的，其動力來自北魏皇帝。北魏皇帝對漢人世族採取接納的態度與政策，難免造成鮮卑族內部始終有反漢化與反漢人的保守勢力存在，又往往與高層政治鬥爭中的反對派有關。從鮮卑人的立場看，開放漢人參政可以迅速提升國力；但也可能存在大權旁落的危險，尤其當時漢人由世家大族主導，世族的地位與威權世代繼承，引進漢人世族參政，就等於長期與他們分享政權。因此鮮卑族內部對應該進用漢人、開放漢化或應該不用漢人、保守本族傳統經常發生爭執，雙方長期的拉鋸，也是主導北魏歷史的一種力量。

漢人世族與北魏政權的恩怨情仇

北魏興起時，北方早有漢人世家大族存在，並已延續甚久，經濟實力雄厚，社會、文化地位崇高。當北魏在鮮卑拓跋氏的領導下政治力量越來越大，最後統一北方時，這股新興的胡人政治與軍事勢力要如何與漢人的世族勢力互動，就成為北朝初年的重要大事。拓跋皇室對漢人並不苛刻，早期打天下時更是倚重漢人；但結束五胡十六國的分裂狀態後，北魏鮮卑政權與拓跋皇室立刻面對一個新問題：黃河流域的漢人族群極為龐大，做為人口懸殊的少數統治者，要如何看待？怎樣處理？

任何專制極權的統治者都希望能直接控制全國民眾，故在北朝初期，北魏鮮卑拓跋氏的統治集團很快遇到二選一的抉擇：這個國家可以沿用魏晉以來的舊貫，保留世家大族的地位與權利，與世族充分合作，以透過世族間接統治，這樣阻力小，容易達成；但將長期無法充分掌控全國。當然也可以效法秦朝與西漢，設法建立中央政府直接掌控大量小型自耕農的國家體系，這樣皇帝與中央政府不受世族掣肘，享有直接而且真正的最高權力；但如此一來，勢必與世家大族發生矛盾。

在這種背景下，北魏政權與北方漢人世族之間，當然充滿恩怨情仇。大體而言，在統一北方以前，北魏政權尊崇漢人世族，進用漢人世族領袖，漢人世族也樂於為鮮卑拓跋氏效命，雙方合作愉快。然而統一北方以後，鮮卑族與拓跋皇室開始傾向直接掌控全國，而相反地，漢人世族則致力確定門閥系統，以保證他們傳承多年的地位。這兩股力量由合作到衝突的過程，可以從當時北方首屈一指的漢人世族領袖崔浩身上清楚看出。

崔浩（三八一～四五〇年）的喜劇與悲劇

崔浩字伯淵，清河郡東武城（今山東武城）人，出身清河崔氏，母親出身范陽盧氏，崔家聯姻皆為世族，門第高貴已極，是北方第一，范陽盧氏則排名第二。崔浩長相秀麗如美貌婦人，學問淵博精深，文學、經學、史學、玄學、陰陽卜算、百家之言無不通曉，當時的人都無法企及，他也胸懷大志，自比張良。北魏建國後，崔浩接受道武帝的禮聘出山，為北魏朝廷服務，歷經道武帝、明元帝、太武帝三朝，官至司徒，是太武帝最重要的謀臣之一，對北魏統一北方有重大貢獻。在北魏對各國用兵的過程中，崔浩屢次力排眾議，根據星象和人事判斷時機，太武帝也都言聽計從，北魏得以依次消滅胡夏、北涼，並出擊柔然成功。

這些軍事行動使北魏解除來自北方和西北方的威脅，北涼滅亡後，北魏打開通往西域的商道，得以從絲路的貿易中獲取大量利益。北朝開始之際，也是北魏全盛時期的開端，鮮卑拓跋氏能夠獲得如此豐功偉業，崔浩貢獻甚大；或許從另一個角度說，這是以崔浩為代表的北方漢人世族與鮮卑拓跋氏合作的成果。

鑒於崔浩的學問與文名，早在四二九年，太武帝拓跋燾就任命崔浩率領一眾文人編輯國家紀錄，寫成《國書》三十卷。四三九年北魏統一北方，國家規模完全確立，太武帝拓跋燾又命崔浩主持修纂正式的北魏國史。崔浩率領史官、文士，將當年完成的《國書》加入續篇，寫成一套北魏國史。此書對於鮮卑早期的情況秉筆直書，並不避諱，書成後有兩個僚屬建議將全書刻石，公開陳列，崔浩同意，於是花費三百萬錢後，一大堆刻著北魏歷史的石碑在平城豎立起來。

這部北魏國史全面公開後，立即引起軒然大波。鮮卑人知道書的內容後，認為崔浩等漢族文人在故意出鮮卑族的醜，而且公開為之，於是群起而攻，紛紛到皇帝面前告狀。此時太武帝拓跋燾大怒，下令將崔浩捉拿，因於木籠內，送出城南，又派幾十個衛士對崔浩身上小便，極盡屈辱之能事，崔浩嗷嗷呼叫，沿路都聽得到。四五〇年，崔浩被誅九族，牽連范陽盧氏、河東柳氏及太原郭氏，世族被殺的甚多；尤其崔浩以宰相之尊，即使有過錯被殺，死前還被皇帝如此公開侮辱的，尚屬空前。

由於這件事太過戲劇化，歷代都有人研討它的原因。對此一般曾有兩種解釋，一種認為這是「華夏、夷狄之辨」的民族問題，另一種認為是佛道之爭的宗教問題。然而歷史學家陳寅恪則明確指出，其主要原因應在社會階級方面，即崔浩一直希望「齊整人倫，分明姓族」，將門閥制度在北方確立，遂與鮮卑族發生衝突，北魏國史事件只是最後的導火線。

從社會階級去解釋崔浩及其計畫與行為，會發現他是北方世家大族的代表人物，他的思想是北方世族的思想，即注重儒家倫理道德，歷代傳承，以此做為家族特色。《魏書．崔浩傳》提到崔浩對於儒家禮制如家祭等特別注意，但不喜好《老子》、《莊子》這些玄學的書，正是東漢以來北方儒家大族的典型傳統。崔浩為北魏政府選士，也是家世與人倫並重。在他心目中，能具備高官及儒學二條件的姓族，才是他理想的一等門第，他也透過選士，實際上向這個目標前進。

然而北朝的基本狀態與南朝不同，南朝世族自從東晉以來，其地位已牢不可破，何況歷代皇室都是漢人，沒有民族差異問題。北朝則不然，其統治階級是鮮卑貴族，而且剛進入中原不久，他們憑軍功起家，認為土地由他們打下，國家因為他們才能存在與發展，當然難以忍受漢人世族來分享權力，尤其是永久分享權力，對於漢人世族希望建立門閥制度深感不滿。崔浩雖然歷事三朝，居功甚偉，卻因為屢次力排眾議，雖然都經皇帝採納，也獲得成功，早就使鮮卑貴族因忌妒而產生反感，等到他堅決主張實施門閥政治，鮮卑貴族對他的厭惡與痛恨終於浮出水面。果然到撰修國史時，崔浩就因秉筆直書北魏早年隱私，被指為蓄意「暴揚國惡」，導致全族誅滅，姻親家族也連帶遭殃。

崔浩被殺是北方漢人世族遭受的重大打擊，從此造成漢人世族的保守與退縮心態，北魏皇帝與中央政府的威權則大增，超過南朝。這次事件也使北朝學術發展產生轉變，從此漢人知識分子面對北魏政權變得極為謹慎，不願在理論層面放言高論，北魏的學風也成為以實用為原則，一直傳承到整個北朝。

北魏漢人世族再度大展鴻圖，要等到孝文帝改革的時期，因為這位鮮卑血統八分之一、漢族血統八分之七的皇帝改弦更張，全力使各鮮卑家族變成漢人世族，於是北方漢人世族門閥與鮮卑政權矛盾的問題才得到解決。

北魏前期的宗教激盪：太武帝滅佛

北魏前期的另一項文化對決發生在宗教領域，此時佛教與道教間曾發生衝突，而以太武帝滅佛為代表。

魏晉南北朝是佛教與道教爭奪中國宗教市場的時期，雙方都希望得到政治領袖的信奉與支持，以利弘揚本教，壓抑他教。鮮卑族進入中原建國後，逐漸捨棄原有的泛靈崇拜，改信中原地區的宗教，於是這批握有政治大權的新統治者，就成為佛、道二教爭取的對象與傳教的重點。北魏太武帝在位初期崇奉佛教，後來因為重用漢人世族，而他信任的謀士崔浩等恰好都是道教信徒，於是崔浩等人介紹寇謙之等道士給太武帝，太武帝很快受其影響，轉奉道教，親受符籙。四四〇年，太武帝改年號為充滿道教意味的「太平真君」，等於公開宣布這個國家要走道教路線，從此他認為佛教是「西戎虛誕」，「為世費害」，準備用政治力量鎮壓。

四四四年（太平真君五年），太武帝下詔，禁止上自王公、下至庶人的全體國民私自供養佛教僧侶；同年九月，殺政變未遂的僧人領袖玄高、慧崇等。四四六年（太平真君七年），陝西地區有人反叛，太武帝西征，到達長安後，見佛寺內藏有兵器，又查出寺內釀酒、聚積財寶，還發現僧侶與在室女私通，為之大怒，立即下令禁止佛教。司徒崔浩隨即上疏，請求誅殺天下沙門，毀滅各寺院及佛經、佛像。於是太武帝下詔，立刻誅殺長安全體沙門，並命留守平城的太子拓跋晃從中央政府發出命令，比照長安辦理，廢除全國佛教。太子一向尊崇佛教，上表勸諫，還在發布父親的詔書時故意拖延時間，使全國僧侶都能預先知道，許多沙門因此得以藏匿或逃脫，許多金銀佛像及經書也都被祕密收藏，故僅有部分僧人被殺，只是北魏境內的寺廟無法遷移，因此大多被毀。這段滅佛時間總共八年（四四四～四五二年），是中國佛教史上「三武滅佛」的第一次，佛教將此次事件與北周武帝、唐武宗的滅佛共稱為「三武之禍」，視為一次重大的法難。

四五〇年崔浩死後，太武帝拓跋燾失掉崔浩的影響，對全面滅佛漸生悔意，佛教生機出現。四五二年太武帝被殺，北魏政局幾經動盪，最後由文成帝拓跋濬繼位，這位皇帝下令停止滅佛，恢復佛教地位，佛教才得以復原。雖然如此，佛、道二教在北朝時仍持續對抗，北朝經唐朝到五代期間，道教更屢次藉政治力量衝擊佛教，成為中國宗教史上的第一次宗教大對抗時期。若問為何北魏太武帝拓跋燾會由奉佛變為崇道，主要答案應該在於他皇帝的身分，畢竟對於一個大權在握、享盡榮華的統治者而言，比起超脫輪迴以求涅槃，煉丹修仙以求長生才是更實際的事。

北魏與其他胡族

北魏由鮮卑族建立，並統一北方，故隨著北朝的序幕慢慢展開，鮮卑族與漢族的關係固然必須重視，鮮卑族與其他胡族的關係也不應忽視。由於《魏書》、《北史》的作者都是漢人，這兩部北魏正史中注重鮮卑人與漢人的關係，著墨甚多，北魏與其他胡族之間則較少提及，幸好近年已有歷史學家注意到這點，並提出研究成果。現在就以侯旭東的論文為主，對此加以說明。

早在五胡十六國時期的三八二年，前秦皇帝氐族的苻堅就曾經統一北方。苻堅處理各胡族的方法有二，一是包容為主，寬大為懷，讓各族保持原有的部落組織；二是將各胡族人馬納入前秦軍隊，率領他們一起攻打東晉。在此種狀況下，各胡族雖然被氐族擊敗投降，其力量與組織卻未被消滅，等到苻堅在淝水戰敗，各族乃趁機紛紛復國，導致苻堅身死，前秦也迅速瓦解。

這段歷史使北魏鮮卑族學到教訓，故從道武帝拓跋珪建國起，就對被征服的其他胡族採取「離散部落」的政策，不斷將新征服的胡族部落或國家組織拆散，將這些胡人以小家庭為單位，編入地方政府的户籍系統中，稱為「編户」。這種措施當然會引起其他胡族的反抗，也會因各地方政府的行政效率不同而有所差異，有些較為偏遠的部落甚至從未被解散如爾朱氏；但總體而言，在北魏發展中央集權政治的趨勢下，各胡族原有的組織逐漸淡化，反抗力也弱化，北魏才得以避免成為「五胡第十七國」的命運，順利統一北方，並控制這片廣大的土地近一百年。

如果說前秦只做到各胡族的不穩定聯盟，則北魏就是一個真正的多民族國家。

探訪北魏前期至此告一段落。此刻鮮卑拓跋氏苦心奮力建立的國家已經成形，奄有廣大的塞外草原及綠洲地區，加上長城以南的半個中國，成為典型的「二元帝國」。這個名叫「魏」的國家與創建它的鮮卑族面對此種形勢要如何經營？如何發展？重點要擺在二元中的哪一元？將是我們下一章探訪的重點。

資料出處

《魏書》太祖、太宗、世祖、高宗、顯祖各本紀、皇后列傳、崔浩傳

《北史》魏本紀第一、第二、后妃列傳上

《樂府詩集》

第二章

北魏孝文帝的漢化運動

一場用國家民族下注的豪賭

策馬南來不再回　孝文出令迅如雷
北邙山下鮮卑塚　長伴漢家盧與崔

悲平城詩

南齊投奔北魏　王肅

悲平城，驅馬入雲中，陰山常晦雪，荒松無罷風。

對一個人群而言，文化的選擇、引進與學習是頭等大事，也必然出現支持者與反對者，其過程往往曲折迴旋，充滿變數。如果選擇與引進出於最高權力擁有者的意志，由上層發動，就是以政治力量推動文化變革，可能成為激烈的案例。在激烈的文化變革中，激烈之尤者，是抱定破釜沉舟的決心，勇猛前進，追求在短時間內達成全面變革，不留餘地，屬於極端做法，甚至可稱為以整個群體命運為賭注的文化賭博，在歷史上難得一見。值得注意的是，這種極端激烈的事，就曾在北朝歷史中發生，大膽的推動者是北魏孝文帝拓跋宏。

北魏在孝文帝（四六七～四九九年，四七一～四九九年在位）在位後期出現極為激烈的漢化運動，推動者為皇帝本人，推行時採取極端做法，完全不留餘地，在人類文化學習的歷史上都是少見的案例。由於這次漢化運動十分徹底，對於此事，抱持傳統漢族中心思想的史家不免沾沾自喜，為之大書特書，造成以後國人提到北魏的歷史，最常見甚至唯一的印象就是此事。然而如果我們仔細觀察過去傳統漢族中心史觀對此事的敘述，可以發現多注重其內容，卻忽略其原因與方法，尤其是它的特殊之處。在漢族中心主義思想下，實際上這個運動的真面目並未被清晰描述，仍有待今日進一步研究，並採用不同的角度分析，才有可能還其真相。

鮮卑拓跋部在進入長城以南後，開始統治大量漢人、接觸大量漢文化，如何面對並因應這種新形勢，就成為最重要的課題。建都平城期間，游牧部落原有的制度與習俗仍在深刻影響與制約這個新興政權，對北魏的最高統治者而言，若希望轉化部落體制，建立中央集權帝國，進而平定南方，成為全中國的主人，將是一段漫長險阻的道路，需要以極大的魄力歷盡艱辛才能走完。此種過程在北魏建國後已經開始，直到孝文帝漢化運動時告一段落；雖然未能統一中國，北魏卻已是中國式的國家。此過程固然依靠前代諸帝、后努力打下的基礎；但最後階段的臨門一腳，直接關乎成敗，這就要看孝文帝自己的表現了。孝文帝以充滿年輕人魄力給出的答案是，採取激進與極端手段，以遷都為起點，追求在短期內達成全面漢化。

欲深入理解此事，須從孝文帝四九〇年親政以前北魏的漢化說起。

北魏前期的漢化

北魏建國以來，歷代君主都重視學習漢文化。在探訪這塊領域時，我們必須注意一條重要的線索，就是伴隨這種學習的，是北魏統一北方後就不斷與南朝作戰，不論出於主動或被動；唯即使是被動應戰，只要取勝，也會化被動為主動，乘勝向南追擊，代表漢化與向南發展其實互為表裡，彼此影響。由此看來，北魏對漢文化的學習，是歷代皇帝基於「必須先了解漢文化、利用漢文化，才能征服全部漢人地區，統一中國」的理解而來。在多次南北戰爭中，北魏連連取勝，從南朝手中奪得黃河、淮河之間與山東半島等地的領土。此期間太武帝在四三〇、四四五、四五〇年三次擊退劉宋的北伐，最後一次並乘勢直攻到長江北岸。獻文帝（四六五～四七一年在位）時，北魏已經將南北分界推展到淮河一線，確定占領黃河與淮河之間的地區，並將此地命名為「河南新邦」。至此，北魏面臨國家的新形勢。

到孝文帝初年，北魏領域中漢人的區域已經擴大，總人口中漢人的比例大幅上升，遂使其中央政府不得不考慮此種新形勢，擬定因應對策。恰好當時孝文帝年幼，由馮太后當政，馮太后出身漢人政治世家，傾向以漢文化的觀點思考政治問題，於是訂定「建立以農業為主體的大帝國」的政策，與主要助手朝臣李沖施行向農業國家過渡的改革，重點為建立班祿制、均田制與三長制。

北魏初年，户籍制度沿用「宗主督護制」，即承認鮮卑首領與漢人世族（宗主）可以擁有大量人口，當時平民百姓大多因謀求生計而依附部落領袖或世家大族，成為宗主的私人財產。在此種民政制度下，中央政府能直接掌控的人民不多，導致稅收很少，中央政府預算大為受限，必須仰賴各宗主支持，仍然不脫部落聯盟的格局。由於漢文化自戰國年間至秦始皇以來，當政者一直以中央集權制為理想，故北魏漢化開始後，其皇室自然產生打破部族勢力、取消地方豪強割據，邁向中央集權之動機；何況平民百姓在宗主統治下，常遭受虐待與壓迫，只要中央政府提出照顧平民的政策，很容易得到基層的民心，減低改革阻力。馮太后顯然了解此種情勢，遂針對當時狀況，陸續推出班祿制、均田制、三長制，啟動有一貫脈絡可循的改革。

班祿制

北魏的官吏原來沒有俸祿，由他們自已隨意攤派或掠奪民間財物充當薪津，所以貪汙、搶劫、勒索盛行，並且被政府承認為合法，百姓不堪其苦。孝文帝在位的第八年（四八四年），北魏在馮太后主持下實行依品級與職務發給官員俸祿的制度，稱為「班祿制」，其內容為：

1 確定百官品秩，做為官員俸祿多少的標準。

2 各民戶每年增加徵收帛三匹、穀二斛九斗以充「祿錢」，做為官員俸祿來源。

3 施行當年向各民戶預徵帛二匹，做為「官商之本」，興辦官營商業，以官營商業盈利補充祿錢的不足。

4 制定懲治貪汙的法律，甚為嚴格，貪汙帛一匹以上者處死。

此制度施行時雷厲風行，平民稅務負擔雖有增加；但官員貪汙、勒索等隨之大幅降低，中央政府也從此增加收入，掌控百官，贏得民心。馮太后的改革以班祿制開始，故此制度可視為北魏透過一連串改革，由部族聯合體變為中央集權國家的重要里程碑。

均田制

班祿制確立後，北魏中央政府的威權大增，乃進一步推出配套的土地改革，稱為「均田制」。班祿制使中央政府必須掌握足夠財源，方有可能持續發給百官俸祿，中央政府的財源來自稅收，而稅收又主要來自直接掌控的農民，於是爭取直轄農民就成為必須。北朝原來的農民大多是宗主的農奴或佃戶，中央政府爭取農民的有效方法，就是提供私有土地與合理賦稅，使農民自願投奔中央政府，此即均田制的基本概念。此種想法原由宰相李沖的族人李安世提出，經馮太后與孝文帝採納後，訂出施行辦法，於四八五年頒布實行，自首都開始逐步向外推展。

均田制的具體內容為：

1 清查户口，建立户籍資料，確定各地方行政區的人口數。

2 按照人數授給田地，分為「露田」和「桑田」。

露田（又名「口分田」）：男十五歲以上成丁，由國家授給四十畝，女二十畝，家中奴婢比照受有露田，人民擁有的耕牛一頭也受露田三十畝。露田不許買賣，不可繼承，並只能種植穀物或桑、麻，不許栽種樹木。人民年滿六十六歲或身死後，須將露田歸還官府。

桑田（又名「永業田」）：男丁由國家授給二十畝，做為私人產業，不用還給政府，可以繼承，也可以買賣。

受田的農民一夫一婦每年必須向政府繳納二石的粟（糧食），稱為「田租」，簡稱「租」，與絲帛或麻布一匹長四丈，稱為「户調」，簡稱「調」，丁男還必須服徭役（無償義務勞動）和兵役。

受田以後，百姓不得隨意遷徙。

家中若有十五歲以上的未婚男女四人，或從事耕織的奴婢八人，或耕牛二十頭，其租、調都分別相當於一夫一婦的數量。

地方官員按品級授給公田。州刺史十五頃，郡太守十頃，治中、別駕各八頃，縣令、郡丞各六頃，不准買賣，離職時交予繼任者。

3 授田的土地來源是國有地與收歸國有的無主荒地。人口較少，土地廣大的地區稱為「寬鄉」，依上述標準辦理授田；人口密集，土地不足的地區稱為「狹鄉」，各項授田數量減半。

北魏均田制相關的度量衡單位，可以推估換算為今日的公制：

土地面積：

中國古代計量土地長度基本單位是「步」，一步約當2.5/3公尺，兩百四十步（例如長十六步、寬十五步的面積，16×15＝240）為一畝，則2.5/3公尺×16×2.5/3公尺×15＝約當167平方公尺；夫妻二人共授田六十畝，即167平方公尺×60＝約當10,000平方公尺；官員的公田一頃等於五十畝，則167平方公尺×50＝約當8,333平方公尺。

重量：

北魏時一石等於一百二十斤，一斤約當〇．四四公斤，故：2石＝0.44公斤×120×2

＝約當105.6公斤。

長度：

北魏時一丈等於十尺，一尺約當二十九・六公分，故：4丈＝40尺，29.6公分×40＝約當1,184公分＝11.84公尺。

均田制內容詳盡合理，其精神有三，一是政府免費授田給人民，爭取直轄的小型自耕農；二是對人民一視同仁，平等對待；三是用各種授田標準動員農村的全部生產力，以增強國力。在執行層面，也考慮周詳，訂出因人、因地制宜的各種標準，具有彈性，因此阻力減低，才能有效施行。

北魏的均田制是中國古代重要的土地制度。此制度創立於北魏，東魏、西魏、北齊、北周以至於隋、唐都沿襲採用，對中國歷史影響深遠。

三長制

「三長制」是北魏為控制直轄戶口，取代宗主督護制，建立基層政權組織而推行的地方制度。均田制實行後，北魏政府直轄的農民大量增加，如何將這些農民納入組織，以便管理，就成為下一個必須解決的問題。建立地方基層組織時必須考量其可行性，例如這些基層組織的領袖若由官派，不但將大量增加政府人事支出，而且可能導致人民與政府官員的矛盾與對立，故以有限度的地方自治為宜，三長制就在此種背景下出現。

四八六年，李沖提出三長制的計畫，經馮太后、孝文帝批准施行。內容為在地方上將每五户人家劃為一鄰，立一鄰長，五鄰劃為一里，立一里長，五里劃為一黨，立一黨長，鄰長、里長、黨長合稱「三長」。三長選擇鄉里中德高望重、辦事能力強又謹守法令的人擔任，受地方官督導，職責為掌握當地的田地、户口數量，徵收賦稅，調發徭役，維持治安。

三長制是均田制的配套措施，實行後政府透過三長控制地方，地方由政府選派的民間領袖實行半自治管理，於是繞過宗主，人民變成直接屬於政府，至此北魏的改革大致完成。

這樣的改革重大打擊到鮮卑貴族與漢人世家大族，當然遭到許多既得利益者的反對，而且不分鮮卑首領或漢人世族、豪強。但在馮太后、孝文帝和李沖等執政大臣的堅持推行下，這些制度得以繼續實施。均田制徹底實行後，清查出大量隱匿户口，全部納入賦稅名單，數年間國家財政收入增加幾倍。政府無償授田後，原有的農奴與佃農大量成為自耕農，農業生產力被激勵出來，使經濟發展，民富國強。史書記載這些政策「天下稱便」，代表此時北魏中央政府跳過中間的既得利益階層，直接取得基層百姓支持，成為其立國基礎，也是中央集權的保證。至此，北魏國境內的漢人地區，已經基本上成為傳統中國式的國家。

然後，就是國家整體發展的戰略、經濟與文化策略問題了。這個策略問題到孝文帝時一舉確定答案：遷都、漢化、南征，並義無反顧地全力推動。

深入北魏孝文帝的內心

研究歷史、了解歷史有一種方法，就是在收集到足夠的背景資料後，深入歷史人物的內心，基於當時的環境與條件，從他、她或他們的角度思考問題，自問：「如果是我（我們），會怎樣想？怎樣做？」北魏孝文帝四九〇年親政以後的所作所為，如果用這種方法理解，將不難體會他決策時的思考方式，找出他在僅僅九年之間施展出如此大動作，又遷都又漢化又南征的原因。

四九〇年馮太皇太后去世，孝文帝拓跋宏親政，那年他二十四歲。對於這個年紀還輕，但已在祖母身邊實習了十九年的皇帝而言，自己終於能實際掌控政治權力，大展鴻圖的機會來了。當時他所面對的環境是：

第一，北魏到孝文帝時，南方國境在淮河一線，長城以南約占全國疆域的一半，而且農業發達，人口密集，成為帝國的重要部分。從山西北部的首都平城發號施令，統治這片以漢人為主的土地，雖然並非不可能，但終究有其不便。過去建都平城在戰略上的理由，是此地接近蒙古草原，以此為基地，隨時可以抵禦新興草原民族的侵擾。拓跋部南下時，原居住地空虛，後起的柔然部趁機填補其空缺，轉趨強大。同屬鮮卑族的柔然在北魏建國時強盛，屢次威脅北魏的北方邊疆，北魏不得不將軍事與政治中心放在平城，隨時出兵對付。然而經過數十年的努力，北魏屢次擊敗柔然，到孝文帝時，柔然已經不構成嚴重問題。北方邊疆大致平定後，北魏對外戰爭的焦點改為南方邊疆，國家的重心也變成長城以南地區，平城的戰略地位大不如前，其不便之處則漸漸顯著。這種狀況必須因應。

第二，北魏南方的國界已經拓展到淮河岸邊，深入南方後，戰場的地理環境是江河縱橫，城池林立，北魏面對南朝的戰爭型態，變成不再是大草原上兩軍以騎兵對決，而是攻城與守城之爭。這種戰爭型態曠日持久，攻方必須不斷投入糧食、武器與補充兵源，守方則城內堅守待援，後方另派軍隊解圍，以求內外夾擊致勝，故不論攻守，都是後勤基地與戰場間的距離越短越有利。又因戰場情勢隨時可能改變，指揮官與第一線之間、前線指揮官與中央領袖之間的聯繫溝通甚為重要，在當時訊息傳遞仍然很原始的狀況下，中央與前線溝通所需的時間越短越有利。北魏的主要糧食產地與人口密集區在今日的山東西部、河北中南部到河南北部一帶，可以就近向南支援淮河戰場；然而北魏的首都在山西北部的平城，距離淮河前線遙遠，交通不便，訊息傳遞需時甚長，皇帝如果希望迅速掌握戰爭狀況，隨時適切調動後勤支援，只有御駕親征，太武帝拓跋燾就是如此。所以北魏假使只想與南朝隔著淮河並立，則建都平城尚可，要是想消滅南朝，統一天下，則應該將後勤基地與決策中心合而為一，作戰效率必然大增。這點必須考慮。

第三，孝文帝時首都平城仍是政治中心，有大量非生產人口聚集，如皇家成員、宮女、宦官、貴族、官員及其家屬、駐防軍隊等，平城附近氣候寒冷，平地不多，農業生產條件並不好，還常發生自然災害，無法充分供應首都糧食與日用品的需求，只有從山東至河南的產地向北輸送，其運輸成本很高。尤其在與南朝作戰時，軍情緊急之下，首都的供應也不能停止，變成必須同時向南、向北兩線輸送，會造成運輸成本大增，運輸工具與人力調度困難。這個問題必須解決。

第四，北魏太武帝拓跋燾南征勢如破竹，卻在長江邊自動北返，表示單憑鮮卑族的騎兵，並不足以消滅南朝，一統天下。那麼，聯合其他胡族共同出征如何？前秦苻堅曾嘗試組成五胡聯軍攻打東晉，結果非但失敗，其他四胡的軍隊趁機調轉槍口，還成為他的掘墓人。由此看來，若欲做整個中國的主人，只有使用漢人的方法，才能征服漢人的土地，更深遠、更全面的漢化遂成為必須。然而平城接近塞外，做為北魏這個鮮卑國家的首都，城內及周遭住有大批鮮卑貴族，對於過去北魏政府提拔漢官、推展漢化的政策，許多鮮卑人早就不以為然，深恐因此失掉權勢地位，常伺機反撲，崔浩之死就是他們反撲的結果。全面漢化的做法必然損及鮮卑貴族的自尊心與既得利益，在平城那個鮮卑保守氣氛濃厚的地方進行，不但反對者眾，事倍功半，困難無比，甚至保守派還可能謀劃出弒君的陰謀。北魏歷史中不乏弒君的先例，有心人再幹一次，也不是不可思議。那麼，究竟應該怎麼辦？

分析至此，一個可以解決所有問題的答案已經呼之欲出：遷都。

遷都洛陽

北魏孝文帝在太和十七年（約當四九三年，以下同）七月啟動遷都洛陽計畫，這並非明白發布詔書，公開辦理，而是在精心布置下，運用政治權謀的祕密運作。孝文帝先下令建造黃河浮橋、立太子、戒嚴，做足親征南方的姿態，然後在平城召集群臣，義正詞嚴地宣布討伐南齊，親自率領三十多萬大軍南下。出發時有臣下建議皇上攜帶一些宮女同行，孝文帝下詔說戰爭期間不近女色，公開嚴詞拒絕，這等於宣布皇帝本人把所有女眷留在首都，全體將士當然要比照辦理，間接表示大家仍然在平城安家落户，用以隱藏遷都的企圖。

大軍南下，渡過黃河，抵達洛陽。此時恰逢秋雨連綿，道路泥濘，行軍困難，孝文帝仍然披甲戴盔，騎馬出營，擺出繼續親征的架式。群臣攔住馬，叩頭請求不要再進兵，孝文帝才停止南征。這是不是另一場安排好的政治秀不得而知，但如此一來，這次浩浩蕩蕩的「南征」變成一場仗也沒打，孝文帝宣布解嚴，築壇稟告祖宗決定遷都，這才將此行真正的目的曝光。此後孝文帝巡視黃河以南地區，轉到鄴城，在此地新建的行宮中舉行太和十八年（四九四年）元旦大典，顯然在評估究竟要選擇洛陽或鄴城做新首都，閏二月才回到平城。在舊都他先召見留守群臣，說明遷都的計畫，又到西北邊區巡視一圈，撫慰守邊將士，安定邊區人心，再回到平城後，於十月份正式下令遷都洛陽。總計遷都的布署與實行費時將近一年半，從孝文帝如此苦心孤詣地規劃與按部就班地執行，可見這是多麼重大的事。

遷都洛陽的確重大，它是一場政治賭博。

一場用國家民族下注的豪賭

對於孝文帝、鮮卑族與北魏政權來說，定都洛陽是冒著極大危險的舉動。由於在當時的北魏帝國中，鮮卑族僅占人口的少數，拓跋氏更是鮮卑族中的少數，這樣少數的統治者在深入漢人地區的洛陽建都，距離塞外草原非常遙遠，一旦占人口絕對多數的漢人集體造反，在洛陽的鮮卑人將被層層包圍，絕無逃出的可能。五胡十六國時期，三五〇年發生的「冉閔屠胡」事件使鄴城的胡人遭集體屠滅，距離當時並不遙遠，胡人都該記憶猶存。太平天國革命時，一八五三年攻下南京，天王洪秀全下令懸賞殺滿人，果然南京城的滿人無路可逃，很快全部被殺光，是另一個很好的例子。

中國歷史上北魏以後的金、元、清三個外來民族朝代有兩項共同的特色，一是至少統治黃河流域，即半個傳統中國領域，這與北魏相同；二是只要沒有來自更北方的威脅，就始終都建都於北京，只有金朝末年在蒙古威脅下才遷都汴梁，建都北京卻與北魏孝文帝的做法背道而馳。

北魏以後，三個不同時代的外來民族在中原建立王朝時竟有不約而同的考慮，實際上基於一個共同的原因：在中原地區相對於漢人，本族人口處於絕對少數，因此統治中原必須做最壞的準備。北京距離長城很近，萬一漢人全面反叛，實在無法抵擋時，皇帝、皇家與重要族人可以迅速撤退到塞外，徐圖再起，不致淹沒在漢人的大海裡，全體死無葬身之地。這種沿用幾百年的政策在元代末年實際發生作用。當一三六八年朱元璋派遣的兩路北伐大軍勢如破竹，即將衝抵元的首都大都（今北京）時，元朝在中國的最後一任皇帝順帝率領后妃、家屬與蒙古貴族打開大都的北門，及時逃到內蒙古。至此明朝雖然推翻蒙古統治，但並未消滅蒙古人，隨後雙方以長城為界，塞外的蒙古人仍然能夠與明朝持續對抗兩百年以上，一四四九年還有能力在土木堡一戰中大敗明軍，俘虜明朝的皇帝英宗。

北魏建國之初，在長城以南只擁有山西北部，地盤不大，沒有上述的顧慮，建都平城是自然之舉。到孝文帝時北魏已經擁有黃河流域數十年，但仍未遷都，也未始沒有上述的考量。所以北魏孝文帝遷都深入漢人地區，可說是在進行一場政治豪賭，押上的賭注是北魏的國運、鮮卑的族運和他自己的性命，賭這樣做能迅速將北魏轉變成中原國家，取得中國的正統地位，進而消滅南朝，統一天下。

這場自斷退路的豪賭等於自廢壓箱底武功，顯然只可以贏，不可以輸。遷都洛陽後，北魏中央政府已深入漢人地區，失去一旦漢人全面反叛，可隨時撤往塞外的彈性。在這種前提下，必須追求於最短時間內取信於漢人，讓中原地區的漢人很快認同這批南遷的鮮卑人，以求從此泯滅族群界線，雙方水乳交融，合作建立新魏國，其做法就是漢化，而且必然是激烈的極端漢化、迅速漢化。總之，孝文帝既然必須在短時間內徹底改變鮮卑舊風俗、舊習慣，將鮮卑人改造成漢人，以求儘快融入漢族，則漢化勢必走向極端，採取無條件、無退路的孤注一擲全盤漢化政策。

無條件引進文化並全面採用的事例在古今中外歷史上十分罕見，通常一個政府決定引進外來文化，大多不會拋棄本身文化。十九世紀後期全世界非西方地區都面臨排山倒海而來的西方勢力，許多國家、民族被迫採取學習西方的政策，但大致都不願放棄自己原有的文化，於是產生文化妥協現象。這種文化妥協的表現，在中國是「中學為體，西學為用」、「新思想，舊道德」等，在日本是「和魂洋才」、「東洋道德，西洋藝術，精粗不遺，表裡兼該」等，在奧圖曼土耳其、印度、泰國等地也出現過類似狀況。所以北魏孝文帝的漢化做法，是歷史上極其特殊的案例。

孝文帝決定將北魏置之死地而後生，遷都南方後，還必須選擇新首都地點。以當時的情況看，從歷史聲望、地理環境、城市規模、人口數量及組成、經濟條件、軍事條件等因素考量，候選地不出鄴城、洛陽二處。鄴城（今河南臨漳）位居河南北部，黃河北岸的支流漳水邊，附近是大平原，農產豐富，漳水可通航，交通便利，自三國時期起就是華北重要城市，五胡十六國時的後趙、冉魏、前燕都曾建都於此，在南北朝時期，許多北方漢人世家大族也聚居於此。洛陽則位居黃河南岸的支流洛水穿過的洛陽盆地中，腹地較小，經濟條件遜於鄴城，但歷史聲望高超，是西周陪都、東周、東漢、西晉首都，做為中國政治中心之一已有千年。

也就因為如此，洛陽地區戰爭頻繁，屢次遭受兵火的破壞，當時人口反而不多，世家大族也少。依此分析，鄴城在經濟、人口等方面領先，面對南北戰爭也比較安全；洛陽則在歷史聲望上是不二之選，卻因位居黃河南岸，暴露在南朝攻擊範圍內，是一個進可以攻，退卻不可以守的位置，兵法上真正的「死地」。北魏孝文帝以前，洛陽曾在三五六年東晉桓溫北伐、四一六年劉裕北伐、四三〇年南朝宋文帝北伐時三次被南方攻下，孝文帝以後，五二八至五二九年也曾被南梁的北伐軍占領過。孝文帝應該不會不明白洛陽軍事地理位置的特性，仍然選擇在洛陽建都，代表他確實胸懷大志，要做全中國的領袖，在處理國家大政上凡事敢作敢當，充滿積極主動精神，在制定國家戰略上放棄防禦思考，選擇背水建都，自居死地，採取全面攻勢政策。

自從東晉、五胡十六國時期以來，世家大族不分南北，大致傾向以保持本家族的政治、經濟、社會與文化地位為考量重點，並不樂見南北雙方的局勢發生重大變化。北魏孝文帝追求統一必定導致積極南伐，這從他不選擇比較安全，也是世族根據地的鄴城建都可以看出，這樣一來，其實並不符合北方世族的家族利益。所以《魏書》記載孝文帝巡視鄴城時，當地漢人世族對遷都洛陽都不贊成，迫使孝文帝在四九三～四九四年間四度前往鄴城與他們溝通，他們的態度仍未改變。這應該也是孝文帝最後捨棄鄴城，選擇洛陽的原因之一，畢竟任何政治領袖都不希望首都的地方菁英處處跟自己過不去。

不留退路的極端漢化

孝文帝立志做全中國的主人，因而決心漢化，遷都洛陽。遷都洛陽後鮮卑族與他自己都已經沒有後路可退，漢化就成為必須，而且必須全面進行，徹底推動，儘快實現。這種無路可退的處境來自遷都，是孝文帝自己一手造成的，更是他主動選擇的，所以全面漢化與遷都洛陽其實互為表裡，相輔相成，有其一就不可缺其二。

由此可知北魏孝文帝遷都與漢化，是為達成遠大目標的兩階段做法，而且採取極端路線，完全不留退路，種種規劃出於他的個人意志。注重意志的德國大哲學家康德、叔本華如果有機會讀史至此，應當會感嘆吾道不孤，「這個拓跋宏果然深獲我心。」在意志推動下，孝文帝的漢化運動勇猛前進，迅速推出各種政策，實屬必然。這些漢化政策包括：

改服裝：

四九四年最早推出。漢化首先就是改變衣著，規定人民改穿漢服，不得再穿胡服。衣服是人身分的象徵，具有強烈的文化意義，胡服一禁，所有國民看上去全部成為漢人的樣子，為漢化首要之舉。

改籍貫、禁歸葬：

四九五年推出。規定遷居洛陽的鮮卑人，提到籍貫不得再稱「代人」，必須改稱「河南洛陽人」，且死後葬於洛陽，不得歸葬北方。在此政策下，洛陽北郊的北邙山不久就充滿洛陽鮮卑人的墓園。這種以落地生根取代落葉歸根的政策，斷絕鮮卑人對故土的留戀，是使他們徹底漢化的重要手段。若不如此，鮮卑貴族生前住在洛陽，死後葬在平城或更遠，家族墓地不在洛陽，難以對中原全面產生認同，終將無法成為中原世族。

禁胡語：

孝文帝推動漢化中最重要的政策，就是四九五年將北魏帝國的官方語言改變，規定此後不准說鮮卑語或其他胡語，必須全面改說漢語，從朝廷命官開始做起。孝文帝的語言政策也考慮到實際狀況，規定年紀三十以上，語言習慣難改，可以採漸進方式辦理；三十歲以下的朝廷官吏，則強制不准再說舊日語言，若故意違反，會遭貶官甚至開除。

禁止胡語政策是否有配套措施不得而知，但以孝文帝的聰明，應該有所準備。不論如何，這道命令一下，我們可以想見當時洛陽雞飛狗跳的樣子，大群鮮卑官員忙著請老師，學漢語，心裡揣摩著明天早朝如果皇帝點到自己問話，要怎樣操著漢語答覆。由於鮮卑語屬於阿爾泰語系（Altaic languages）或蒙古語族（Mongolic languages），與屬於漢藏語系（Sino-Tibetan languages）的古漢語發音、語法等相差甚遠，尤其缺少漢語聲調（Tone，如媽、麻、馬、罵等）的差異。古代漢語原有「八音」（八個聲調），以鮮卑語為母語的人即使努力學習，幾乎仍無法完全發出這八個聲調，很難將漢語學得道地。因此從北魏孝文帝推行漢化開始，中國北方地區外來民族不斷學習漢語，卻又發音不全的現象持續發生，遂使黃河流域通行的漢語逐漸發生變化，喪失部分聲調，又經過金、元、清的統治，最後成為今日的普通話，只剩四聲。

禁胡語也涉及政府公文。孝文帝規定北魏公文書中本來以鮮卑語發音的名詞停止音譯，改為意譯，例如「可汗」改為皇帝、「可孫」改為皇后、「莫賀」改為父、「麼敦」改為母、「阿干」改為兄等。由於鮮卑人可能沒有本族文字，即使有也未能流傳下來，因此這些紀錄的史料價值相當寶貴，等於是古鮮卑語—古漢語辭典。

改漢姓：

鮮卑人的姓氏通常用漢語發音要用到二至三個字，過去寫出來都是複姓。四九六年，孝文帝下令這些姓依照發音相近的原則，全部改為漢人的單姓。孝文帝先行示範，將拓拔氏改為元氏，從此他的名字成為元宏，不再是拓跋宏。當時眾多的鮮卑姓氏改變時，不少改成相當普遍的漢姓，例如下方表格所示。

所以現代許多漢姓的人士，實際上一千五百年以前的祖

鮮卑姓氏	漢姓
拓跋	元
紇骨	胡
獨孤	劉
丘敦	丘
步六孤	陸
叱羅	羅
賀賴	賴
侯莫陳	陳
丘林	林
拔列	梁
是樓	高
出大汗	韓

先可能是鮮卑人，而中華民族也就這樣不斷加入外來血統，不斷演化，不斷擴大。

通婚：

婚姻是孝文帝漢化政策中的要點。孝文帝下令禁止同姓的鮮卑人結婚，並且積極宣導推動鮮卑貴族與漢族大姓通婚。他的馮皇后家族長久與拓跋氏通婚，已經屬於漢胡混血，此時他納范陽盧氏、清河崔氏、滎陽鄭氏，太原王氏之女入後宮，又以隴西李沖之女為夫人，這些才是純粹的漢人女子。上行下效，北魏皇室和許多鮮卑貴族亦娶漢家女子為妻妾，例如孝文帝的弟弟元勰就娶隴西李氏世族高官李沖之女為妻，北魏皇室公主和鮮卑貴族的女兒則有許多嫁給中原世族。遷至洛陽的鮮卑人原有姓氏既不復存在，其鮮卑血統又與漢人血統大融合，很快彼此間的差距縮小，鴻溝彌平，達到孝文帝漢化的目的。

北魏宮廷的這種政策與清朝皇室的婚姻及宮女制度恰好成為兩個極端。清朝選擇皇后多在滿州八大貴族中，又規定非八旗女子不得入宮，為的是保持皇室的旗人血統，同時減少漢人民怨。

同樣是從東北入主中國的皇朝，北魏和清朝在皇室婚姻與後宮制度上竟截然相反，正可以看出少數民族在面對統治絕大多數漢人時的不同考量。

尊孔崇儒：

孝文帝遷都洛陽後立即下令修建孔廟，並以皇帝的身分到孔廟祭拜孔子，又給予孔子後人土地和財產，讓他們繼續孔廟的香煙。此舉等於宣告北魏以儒家為立國思想，在儒、釋、道三家思想激烈競爭的南北朝，自有其藉由維護中國傳統文化宣示正統地位的意義。

改官制：

孝文帝採取曹魏與西晉的制度改革官制。設置三師、三公、尚書、中書、四征四鎮將軍（征東將軍、鎮南將軍等共八名，餘類推）和九卿等中央文武官員；地方上州設刺史，郡設太守，縣設縣令，使北魏成為採用漢式官制的國家。

修訂法律：

孝文帝對刑法亦進行改革，廢除斬刑之前男女皆除衣裸體等舊法。他參與制定律令，諮詢漢人世族意見，最後親自下筆定稿，這種做法在中國歷史上亦屬罕見。

注重漢式教育與藝文：

孝文帝從小接受漢文化教育，能講解《五經》、討論儒家的喪服制度，對史書傳記、諸子百家也涉獵頗多，還能以漢文寫詩。遷都洛陽後積極創辦學校，搜集整理天下書籍，鼓勵鮮卑人學習漢文化。經過他的努力，五胡十六國戰亂以來衰落的北方漢文化開始復興。

恢復佛教：

北魏太武帝滅佛使北方佛教大受打擊，其孫文成帝為虔誠的佛教徒，即位後停止滅佛，佛教開始復興，獻文帝時繼續。孝文帝是獻文帝之子，受父親影響，仍然採取提倡佛教、優禮僧人的政策。在平城時孝文帝就禮敬來自印度的高僧跋陀，為他開鑿雲岡石窟，遷都洛陽後將跋陀請來，於四九五年（太和十九年）為他在嵩山建造少林寺，從此少林寺一直延續到今天，跋陀則成為這座舉世聞名佛寺的開山祖師。

洛陽做為北魏首都後，人力與錢財都不成問題，佛教信眾遂在洛陽郊外的龍門開始開鑿石窟拜佛，以後持續進行，使龍門石窟成為中國佛教三大石窟之一，是佛教石刻藝術重鎮。孝文帝時期，山西北部五臺山的佛教也轉趨興盛，凡此種種，都使佛教在中國北方根深蒂固，也帶動起佛教藝術的發展。

總之，北魏孝文帝的漢化運動若從文化交會與文化學習的角度看，實為一場全面、大膽而不留餘地的文化選擇與文化變動實驗，可稱「全盤漢化」。民國初年西方思想在中國流行並大受崇拜，中國思想界產生「西化派」，主張中國應該「全盤西化」。其主張若真能實現，那時的景象大約可以用此案例做一些推測。

孝文帝的南征與逝世

孝文帝的確有志於南征，南征並非他為遷都編出來的藉口，這從他完成遷都到逝世之間的所作所為可以明白看出：

太和十八年（四九四年）十月正式遷都，十二月即行南征。

太和十九年（四九五年）正月渡過淮水，二月登淝水之戰時著名的八公山，路逢大雨，還與軍隊共同淋雨，以示同甘共苦，又赦免被俘的三千名南齊士兵，遣返南齊，以進行政治作戰，此後巡行淮河流域各地，五月才回洛陽，九月後宮及隨同遷都將士的家眷全部接到洛陽。

太和二十年（四九六年）處理幾次叛亂事件，暫停南征。

太和二十一年（四九七年）八月再度南征，此次主攻西線，親自率軍出擊河南、湖北交界地區，包圍新野城。

太和二十二年（四九八年）正月攻克新野，二月大破南齊援軍，殺死兩萬多人，十月轉往東線，病重，經徵召名醫徐謇治療後好轉，返回洛陽。

太和二十三年（四九九年）正月至鄴城，三月南征，連續獲勝，卻再度發病，四月病重逝世，享年三十三歲。

總計孝文帝從遷都到死亡之間的四年半中南征三次，都是親自領兵，共投入約一年九個月的時間，加上平定後方叛亂與巡視鄴城，他留在洛陽的時間大概只有一半，還要頒布並推行如此多的法令、解決後宮的家務事（按，極為精彩，詳情後述），實在是忙到團團轉。從這個觀點看，孝文帝的最後六年，就是一場意志與時間的賽跑，急於求成之下，身體健康不在他的考慮之列，終於促成他英年早逝，統一天下的宏圖隨之付諸流水。

至於孝文帝的死因，有人認為是肺結核，此因歷史記載他的病情拖延，而且逐漸加劇，發病時曾自己形容「心容頓竭，氣體羸瘠」，他的弟弟元勰也說他「氣力危惙」。他的病在四九八年冬天已經非常嚴重，經過名醫徐謇診治後曾見好轉，卻在次年三月南征途中復發，終告不起，這些都比較符合肺結核的病況。他定計遷都後不停的緊張與操勞，健康必定大受損傷，一旦染上任何慢性消耗性疾病，必將導致身心衰竭而死。由此看來，北魏孝文帝是一個以身殉事業的皇帝，殉身的原因在於他所圖謀的事業太大，而且應該根本不是他的有生之年所能完成的。

孝文帝漢化的意義與影響

孝文帝的漢化政策出現在四九三～四九九年間，也就是他在位的最後六年。這段時間的北魏，可說是全看皇帝一個人指揮，眾位鮮卑與漢族臣子只是配合演出而已。如此激烈的漢化政策，必然有反對者，少數不願配合皇帝演出的，就立刻與皇權發生衝突，慘遭消滅，至少也被投閒置散，從中央權力結構中退出。反對漢化最戲劇性的一個人竟然是孝文帝的皇太子拓跋恂，身為太子的他隨父定居洛陽，卻因身體肥胖，不喜歡洛陽對他而言太熱的天氣，鮮卑貴公子的個性發作，居然趁父皇出巡，企圖騎著好馬溜回平城，還親手殺掉進諫的漢人臣下，要出城時才被城門守將擋下。孝文帝聞訊大怒，趕回洛陽後召集幾個弟弟，共同以家法懲治這個不肖子，輪流用棍棒揍了他一百多下，將他廢掉後殺死。對於公然抗拒遷都與漢化兩大政策的人，從拓跋宏變成的元宏絕不手軟，即使是對自己的接班兒子；也絕不能手軟，正因為是對自己的接班兒子。

遷都洛陽以後，孝文帝風塵僕僕，奔走各地，在洛陽的時間並不多；但他隨時注意漢化政策推行的成果，不放過任何微小的徵兆。一次他遠征回來進洛陽城時，注意到有馬車上的婦女頭戴帽子，身穿窄袖短衣，依舊胡人裝扮。這位皇帝當場並未發作，第二天找來輔佐太子留守洛陽的堂叔任城王元澄問話，史書中留下一段精彩的問答：

孝文帝元宏：經營國家的根本，以禮教為先。自從朕離開京城以來，禮教有沒有日新又新？

任城王元澄：臣認為是日新又新。

孝文帝元宏：朕昨天進城，看見馬車上的婦女有頭戴冠帽，身著短衣的。這些人如此做，尚書為何沒有察覺？

任城王元澄：這樣穿的比不這樣穿的還少些。

孝文帝元宏：這真奇怪！任城王想要大家都這樣穿嗎？古人說「一言可以喪邦」的，就是這個吧？應該要史官記錄下來。

遷都洛陽以來，孝文帝對兒子、堂叔都如此不講情面，顯示到這時候，國家權力已經集中於皇帝本人，北魏至此才徹底擺脫游牧部落聯盟的殘跡，不再受到傳統鮮卑貴族的牽制，成為道地的君主專制帝國。

通過這次漢化運動，北魏中央政府的政治權力重新分配，皇帝得到最大部分，其餘由皇室元氏家族與北方的世族共享。此時的北方世族當然包括迅速漢化的舊日鮮卑貴族，於是北魏成為皇帝—皇族—世族—百姓的標準魏晉南北朝式國家。當年崔浩希望通過「分明姓族」、「整齊人倫」、「復五等之爵」（按，恢復公侯伯子男五等爵位），使北方世族納入北魏政府體制，卻遭到鮮卑貴族反撲慘死，固然是漢人的大失敗，但也使北魏皇帝與拓跋皇族真正掌控國家的時間延後。所以孝文帝拓跋宏究竟是想掌握大權，做個真正的皇帝才遷都、漢化、南征？或者是因為胸懷統一天下的大志，才以遷都、漢化來掌握大權，以便施展抱負？又或這兩種想法曾在孝文帝腦中反覆糾纏，連他自己都分不清楚？這個問題的答案勢必因個人立場與思考方式的不同而見仁見智，有所差異。誠如克羅齊的話「一切真歷史皆當代史」，在此只有請諸位讀者自行判斷了。

總之，北魏這次重大的歷史轉折，應該從鮮卑人，尤其是最高層鮮卑統治者的角度觀察與思索，才能得其真相。轉折之後，北魏已非舊日在平城的北魏，誠如孝文帝最有才華的弟弟元勰於四九七年（太和二十一年）奉皇兄之命，在十步內吟成的詩：

〈問松林〉

問松林，松林經幾冬？

山川何如昔？風雲與古同？

經過如此激烈的變革，正如元勰的感觸，北魏的山川已不如昔日之貌。此詩吟出二年後孝文帝去世，北魏的新問題，不久就隨之撲面而來，那將是我們在下一章中探訪的目標。

資料出處

《魏書》皇后列傳、食貨志、孝文帝本紀、李安世傳、李沖傳、彭城王勰傳、任城王澄傳、藝術列傳徐謇

《北史》后妃列傳上、魏本紀三、咸陽王禧傳

第三章

綺麗對質樸，文野起衝突

北魏的分裂與內亂

南望金輝照碧蘿　洛宮風送白花歌
一城聲色追權勢　六鎮烽煙起盾戈
漢化但知驕部曲　胡氛不改崇馬駝
河陰沉水三千貴　地下元宏泣逝波

悲平城詩

南齊投奔北魏　王肅

悲平城，驅馬入雲中，陰山常晦雪，荒松無罷風。

一九七四年十二月中旬，筆者服役期間在政戰學校受訓，一天晚上輪到站十二時至二時的衛兵。從被窩裡被前班衛兵推醒，匆忙著裝、背口令，接哨後手端步槍，腰掛刺刀在營房外巡邏。時值深冬，月色淒清，一陣冷風吹來，不覺連打幾個寒顫。轉頭一望，新北投方向的天空仍然霓虹燈閃爍，呈現詭異的紅紅綠綠顏色，那卡西的歌聲隨風隱約可聞。

是的，北魏後期駐守西北邊區的軍人也面對類似的狀況，只是他們的反應是抄起槍桿，殺向那個燈紅酒綠、紙醉金迷的首都洛陽。

涼風起天末：孝文帝的家務問題

遷都、漢化政策實行後，北魏很快遇到新一波的問題。最早的問題竟然出現在孝文帝的家庭中，這恐怕完全出乎他的意料。

四八八年，孝文帝在祖母馮太皇太后去世後親政，立馮氏為皇后。這位馮皇后出身長樂信都馮氏，家族與拓跋氏幾代通婚，她是高官馮熙與博陵公主的女兒、文成帝馮皇后的姪女，可謂親上加親，尊榮已極。然而馮家一如古代將女兒嫁入後宮的傳統，出嫁的不只一個。在馮皇后以前，馮家已經有一對姊妹入宮，都成為孝文帝的嬪妃，其中一位早死，另一位馮氏美麗嬌媚，甚得孝文帝寵愛，但因生病，被太皇太后遣送回家。祖母既然不在，孝文帝難忍對她的思念，遂將她再度迎接入宮，封為昭儀。馮昭儀是馮皇后同父異母的姊姊，又早經入宮，卻因母親出身婢女，不及妹妹高貴，只能身為嬪妃，對此耿耿於懷，遂千方百計攻訐皇后妹妹，終於說動孝文帝，廢馮皇后，以馮昭儀取代。第一位馮皇后「貞謹有德操」，並不爭鬥或抱怨，被廢後出家為尼，得以善終。北魏版的宮鬥至此告一段落，更大的問題接著開始。

此時北魏已經遷都，孝文帝屢次南征，長年在外，美麗嬌媚的第二位馮皇后居然在洛陽公然與人私通，情夫名叫高菩薩。恰巧孝文帝之妹彭城公主喪夫，馮皇后向孝文帝為她的同母弟馮夙求婚，孝文帝同意將妹妹嫁給馮夙，公主不願，馮皇后定下日子要強迫公主再嫁，公主就帶領十幾個侍從溜出洛陽，乘坐輕便的馬車在雨中奔馳，直到南方前線面見皇兄，當面訴說不肯嫁馮夙，還把皇嫂養情夫的事和盤托出。當時已經病重的孝文帝聞訊大為驚愕，還不敢完全相信，只得趕回洛陽親自處理，於是中國歷史上空前絕後的皇帝夜審皇后事件登場。

孝文帝回到洛陽就逮捕高菩薩與皇后身邊的宦官、侍從等，審訊明白，晚上命令高菩薩一干人等站在室外，再召來皇后。馮皇后到達時，皇帝下令搜查皇后，只要找出一寸長的小刀，就立刻斬首。皇后終於進屋後哭著叩頭賠罪，孝文帝下令皇后坐在離自己兩丈遠的地方，然後叫高菩薩等人招供，責備皇后說：「妳有什麼妖術，都說出來。」皇后要求左右人員離開，皇帝下令其他人離開，只留下一名三品官的太監白整在側，拔出一把衛士的刀撐著，皇后還不肯講。皇帝就用絲絮牢牢塞住白整的耳孔，小聲呼叫，白整毫不回應，這才命令皇后說。皇后說了些什麼，史書說事情隱密，無人得知。皇后說完後孝文帝喊兩個親王弟弟進來，說：「從前是你們的嫂子，今天就是別人，進來不用迴避。」然後對兩個弟弟說：「這個老女人想把白刀子插在我肋上，你們仔細問明白來龍去脈，不要顧忌。」又說：「馮家的女子不能再次被廢，姑且讓她閒坐在宮裡，要是有心就自殺好了，你們不要說我對她還有情分。」夜審之後孝文帝趕回前線，繼續南征，馮皇后留在宮中，仍然有皇后的待遇。不久在前線的孝文帝病情惡化，自知不起，遺命要馮皇后自殺，但以皇后的禮節埋葬。孝文帝死後，白整等人執行遺命，馮皇后還不肯接受，被強迫灌下毒藥而死，諡號為「幽皇后」。

這是一則精彩的八卦，在中國歷史上的宮廷八卦中特別突出，被後代許多好事者津津樂道。對我們探訪北朝歷史而言，八卦之餘，應該思考的則是它在文化變遷上的意義。北魏孝文帝是個漢化唯恐不及的皇帝，若以中國傳統典籍《大學》所立的人生標準而論，他在「誠意、正心、修身」三項都表現優良，但到「齊家」一項就不及格，雖然在「治國」上努力以赴，也獲有一些成績，但並未克竟全功，當然就無法「平天下」。孝文帝為何不能齊家？可能的答案是他既然全盤漢化，則他的家若要齊，就必須家人都符合傳統儒家的標準，全都跟著漢化。可是他的第二位皇后妻子馮氏顯然完全違反「嫡庶有序」、「姊友妹恭」、「貞節」、「溫良恭儉讓」等等基本中國傳統家庭倫理與婦女品德，充滿我行我素的北朝豪放女性格，身上存在著游牧社會女性的烙印，當然無法成為一個漢文化帝國的六宮之主；他的太子根本拒絕漢化，一心只想回平城舊都，甚至他妹妹彭城公主不滿哥哥、嫂嫂安排的婚姻，就溜出首都到前線告狀，也是一個游牧民族女子的行徑。這一切可以說明拓跋皇室家族本身漢化的困難。

孝文帝全盤激烈漢化面對的阻力太大，迫使他必須施展全力對付鮮卑貴族、朝中大臣、漢人世族、南征軍隊、西北邊區……卻可能因此忽略自己身邊的家人。結果漢化的皇帝與仍未漢化的皇后、太子之間必然發生衝突，導致這一連串孝文帝的家庭悲劇。就文化而言，元恂太子與第二位馮皇后的悲劇，早早說明了孝文帝全盤激烈漢化政策中，鮮卑族傳統的疏離與對抗。孝文帝漢化帶來的隱憂若是一座冰山，太子、皇后之死就是冰山露出的那一角。

南遷、漢化與北魏衰落

孝文帝拓拔宏為求在中原生根，進而兼併天下，採取置之死地而後生的策略，遷都洛陽，繼之以激烈的全盤漢化政策，完全不留退路，希望短期內將鮮卑族融入中國，甚至因此逼死不願漢化的親生太子。結果隨同他南下的鮮卑人果然迅速漢化，形成一個漢化鮮卑的世族集團，但也迅速腐化，並且從鮮卑的傳統中疏離出來，變成與漢人皇族或世族無何差別，結果幾十年後就面對悲慘的命運。到北朝末期，這個集團有些成員被消滅，存留下來的則融入北方的世族社會，延續到隋唐時期。

北魏南遷洛陽後，中央政府變成位於這個帝國的南端，深入農業地區。帝國的重心在此，導致經濟上農業生產有所發展，占國家經濟的比重增加，加上絲路貿易帶來的財富流入首都，造成一片繁華景象。與此同時，以洛陽為中心的鮮卑貴族漢化日漸加深，在「飽暖思淫慾」之下，北魏統治者日趨腐化，追求享受的風氣大起，貪汙聚斂，吏治隨之逐步敗壞。例如當時的高陽王元雍「富兼山海」，其住宅、園囿像皇宮一樣豪華，家中僮僕多達六千，妓女五百，一餐花費數萬錢。河間王元琛常想和元雍「鬥富」，他以擁有西域珍寶著稱，家中畜養駿馬十餘匹，馬槽用銀製，窗戶裝飾著玉鳳、金龍，飲宴時用水晶、瑪瑙、紅玉酒杯，都是異域產品，旁邊陳列各種珍寶，喝到差不多就帶領賓客參觀倉庫，只見金錢、綢緞堆積如山，無法估算。這兩人鬥富起來，奢侈豪華程度甚至超過鬥富開山祖師西晉的石崇、王愷。主管政府人事的吏部尚書元暉被稱為「餓虎將軍」，只因他賣官鬻職都有定價，當時的吏部成為賣官市場，花錢買官的人自然是將本求利，無一不貪，這些官吏被民間稱為「白晝劫賊」。地方州郡的刺史、太守也聚斂無已，徵收租調稅收時，將官方度量衡器具放大，採用長尺、大斗、重秤收稅，公開加碼，剝削人民。

就在這時候，南朝南梁建立，在梁武帝蕭衍統治下日趨強盛，屢次主動北伐，南北戰爭激烈。為支持戰爭，北魏的兵役和徭役大量增加，大批農民本來已經被賦稅加碼與官吏貪瀆逼得透不過氣，此時加上兵役和徭役，許多小農因此破產，甚至家毀人亡。破產的農民紛紛投靠豪強，重新淪為世族的依附人口，有的則出家為僧尼，以逃避賦役。當年馮太后苦心孤詣推動的均田制迅速損毀大半，北魏政府控制的編戶人民日益減少，政府收入隨之減少。北魏統治者面對此種狀況，反而官官相護，保護貴族利益，加重剝削剩餘的編戶農民，曾多次實施「檢括逃戶」，搜捕逃亡的農民，於是激起農民的反抗。五一五年，孝文帝死後不過十六年，冀州僧人法慶領導大乘佛教徒起事革命，以「新佛出世，除去舊魔」為口號，一時聲勢浩大，北魏政府動員十萬軍隊才鎮壓下去。

農業地區的反抗還比較容易對付，但北魏後期面臨更深刻的問題：南遷後國家很快實際上已分裂成兩半，一為南遷後漢化的社會，另一為留守北方維持鮮卑傳統的社會。前者高高在上，繁華炫麗卻奢侈腐敗；後者地位低落，質樸保守卻強悍尚武，在文化上尤其格格不入。北魏既然已經在社會與文化上分裂，則中央政府若不能維持二者間的平衡，社會與文化的分裂勢將演變成軍事與政治的衝突。在洛陽的北魏中央政府顯然忽視這個問題，於是隨著時間的推移，二者越發不能協調，最後雙方決裂，全盤漢化的苦果終於浮出水面。五二四年平地一聲雷，留守北方維持鮮卑傳統的社會在備受鄙視下發生動亂，稱為「六鎮之變」。這種來自邊遠地區鮮卑強悍傳統的衝擊，終將摧毀這個已經內部腐朽的國家。

孝文帝的遺澤與遺禍

北魏孝文帝可稱一代英主、一代賢君，但他於南遷後四年死去，北魏從此走向衰敗與分裂之路。對於這樣一位君主究竟如何評價？他一連串政策遺留給北魏的，究竟是遺澤或遺禍？這是探訪北朝歷史時必須面對的問題。

其實這個問題早有人討論。曾紀鑫曾歸納過去對北魏孝文帝的評價，大致可分為三種觀點：

一**是讚揚肯定**。認為他推動民族融合，使北魏社會穩定、經濟繁榮與文化進步。此說也認為，孝文帝的全盤漢化是順應歷史發展潮流，也是不得不採取的改革方略。

二**是褒貶兼有**。肯定孝文帝漢化改革；但認為他不該不加選擇，將漢族文化的精華與糟粕一概吸收。例如漢化確立門閥制度，使鮮卑貴族日益腐化無能，還使得原有軍人地位下降，士氣低落，鮮卑族失去尚武精神。

三**是全盤否定**。認為孝文帝的漢化是迂腐的、消極的，只學到漢人的繁縟禮儀與貪瀆腐敗，喪失鮮卑人原有的勇武質樸特色。他的改革導致民族的柔弱與國家的衰亡。

不論肯定或否定，仔細分析，這些看法都有「以今人之心，度古人之腹」的嫌疑。要想得到較為中肯的答案，只有回到當時的環境做為大前提，加上當事人孝文帝的目標與意志做為小前提，才能導出合理的結論。

孝文帝有必須遷都的理由，也以皇帝之尊，做出全盤漢化的選擇；但他並沒有忘記遷都、漢化後可能發生的副作用，也曾設法預作防範，這從他宣布遷都後就回到舊都平城，然後立刻出巡西北邊區，對這兩個地方的加以說明及安撫即可看出。這次巡視對西北邊區的效果如何，史書並未記載，唯以當時孝文帝的威望，應該至少能暫時消除當地的疑懼，安撫住這些地區。「修補西北圍籬」的工作完成後，孝文帝回到新都洛陽，展開他一邊漢化、一邊南征的偉大事業。不幸的是，他的健康隨著到處奔波與過度工作而迅速惡化，遂不再有能力與時間照顧西北邊區，不久也就去世。

孝文帝死於南征軍中，在他生命的最後階段，南征在外，軍務倥傯之際，還要處理皇妹告嫂、皇后偷情這樣的家務事，很可能忽略或來不及向四九七年新立的太子元恪（宣武帝）耳提面命，要他特別注意西北邊區的潛在危險，妥善因應，預為防範。不過，即使孝文帝曾經這樣做過，從史書所記載的宣武帝元恪看來，恐怕他也不會認真執行，因為他在位的十七個年頭中，一反父親與祖先們巡行帝國各地的常態，居然一步也沒有離開洛陽過！性格溫和、懦弱的下一任皇帝帶頭遺忘半個帝國，上行下效，孝文帝遷都、漢化的副作用遂迅速浮現。

從此在這種狀況下，西北邊區與洛陽中央很快越行越遠。洛陽中央既然並未發現或重視國家實際已經分裂的問題，反而越發貪圖享受，貪瀆腐敗。隨著墮落，中央政府必然迅速衰落，此時卻還要作威作福，終於導致國家內部被忽視與被歧視的一半以武力反抗，衰落的中央無法招架隨之而來的動亂，北魏也走到終點。

北魏的歷史如此，對於同樣處境的後代王朝而言，就成為一個負面的先例。以後的北方民族征服王朝如遼、金、清，似乎都曾以此為鑑，在全國一部分屬於漢文化區，一部分不屬漢文化區的局面下，建都於二者交界的北京，對二者採取不同的方式統治，並以同等重視的做法維持雙方平衡，故能避免二者決裂，國家也能存在較長的時間。例如遼以燕京（今北京）為南都，皇帝每年依季節遊走於各都之間，使全國各種不同的地區都得到照顧，全國官署還分為管理漢人的「南面官」和管理非漢人的「北面官」二系統；清代前期皇帝常常舉行「木蘭秋獮」，每逢秋季率領大隊人馬赴關外狩獵練兵，同時接見草原民族領袖，處理大清帝國非農業地區的事務。道光以後，木蘭秋獮不再舉行，清朝也進入衰敗期。

孝文帝的作為，使北魏成為真正中央集權的帝國與中國式的帝國，確立北魏對淮河以北地區的長久統治，洛陽也迅速繁華起來；他的漢化政策，使北方民族融合的速度增加，民族衝突的苦難減少，種種成果，都是他帶給北魏與中華民族的遺澤。然而他的計畫過於龐大，意志過於剛強，生命過於短暫，結果事業未能完成，繼承人也未曾調教妥當，輸掉事業與健康的賽跑，齎志以歿。他死後留下北魏帝國內部兩個地區間巨大的差異，漸漸從互相輕視變成敵視，累積到臨界點後一舉爆發，不可收拾。北魏後期的歷史，其實可以視為孝文帝一面倒文化政策的後果。如果沒有孝文帝的激進政策，北魏在漢化的大方向不變之下，漢化的速度應該會減緩，帶來的衝擊也隨之變小、變慢，全國比較容易協調。孝文帝激進的漢化政策加上配套措施不足，使潛在的問題擴大並提早顯現，因此也可以說是他對北魏的遺禍。

北魏後期諸帝

北魏從孝文帝之子宣武帝在位時起，迅速步入後期的衰運。北魏後期的皇帝與皇室，在歷史課程中一向受到的關注比較少，導致社會大眾對他們的認識也比較少，為此在探訪北朝的過程中先行略述，畢竟他們主導著北朝後段的發展與演變。這又是一段讀起來讓人不很舒服的歷史，請先有心理準備。

宣武帝元恪（四八三～五一五年，四九九～五一五年在位，享年三十三歲）

為孝文帝元宏第二子，母高昭容，十七歲即位，最初由六大臣輔政一年多。

宣武帝是父親遷都與漢化政策的積極擁護者，也是個徹底漢化的皇帝。五〇一年開始親政後，下令大舉擴建京城洛陽，拒絕舊鮮卑貴族遷回故里的要求，繼續全面推行漢化政策。在他的統治下，孝文帝的漢化政策完全鞏固，在以洛陽為中心的帝國南部，民族差異縮小到幾乎消失，政治、社會與文化則趨向門閥化，漢人與漢化鮮卑人的世族興起，漸漸向南朝看齊。

然而這種狀況也使元氏皇族趨向逸樂，力量減弱，缺乏皇族的能臣名將輔佐皇帝，果然在五〇七年對南梁的戰爭中大敗，折損兵馬十餘萬，武器、資材、牲畜、糧食喪失無數，中央政府的軍事力量大幅削弱，更不利統治整個帝國。至此宣武帝仍然不知警惕，不改得過且過、好逸惡勞的習性，足不出洛陽一步。到這個時候，北魏中央等於已經耳目不靈、手足無力，皇帝與政府高官不再了解自己的國家，也不再有能力控制國家的另一半，於是不可避免地，這個國家也離他們遠去。再從民族的角度看，北魏皇帝的另一身分是鮮卑民族的領袖，今日鮮卑民族已經是一個消失的民族，幾乎沒有痕跡留存，也正是在宣武帝做為民族領袖時開始消亡的。

孝明帝元詡（五一〇～五二八年，五一五～五二八年在位，被殺，得年十九歲）

宣武帝元恪之子，母胡充華（按，充華，北魏後宮最低等級的嬪）。五二八年被其母毒死，只得年十九歲。北魏的政治在這段時期迅速惡化，母子親情、君臣道義、同僚情誼都蕩然無存，只剩下人性的貪慾與權謀算計，最後赤裸裸的暴力出現，將北魏政權粉碎。

五一五年，北魏宣武帝病逝，太子元詡繼位，年僅六歲，其母胡充華因宣武帝廢止「母死子貴」制而存活，成為太后。胡太后當政，小皇帝叔父太傅兼侍中元懌輔政。太后將元懌納為情人。五二〇年北魏統治集團內部發生火拼，胡太后的妹夫元乂與太監劉騰等人密謀，將元懌殺害，又把胡太后幽禁，二人專制朝政。

五二五年胡太后發動反政變，重新掌政，孝明帝仍是傀儡。此後胡太后的新情人鄭儼、徐紇把持內外，政治每下愈況。五二八年，因受胡太后掌控，在公眾場合只能吟出「恭己無為賴慈英」這樣詩句的孝明帝，終於設法向親生母親奪權，密召鎮守山西的大將爾朱榮率兵入京，以對抗胡太后。恰好此時潘妃生下一女，胡太后遂先下手為強，宣稱生的是男孩，大赦天下，同時將親生兒子孝明帝毒死。

幼主元釗（五二六～五二八年，五二八年在位，被殺，得年三歲）

北魏皇族。五二八年孝明帝元詡被母親胡太后毒死，對外宣稱皇帝暴崩。胡太后先是將孝明帝之女偽稱為皇子，立為皇帝，後發覺真相難以隱藏，乃改為擁立年僅三歲的元釗為帝。消息傳出，天下震驚，都認定太后害死孝明帝。將領爾朱榮以此為藉口，另立元子攸為帝，帶兵攻向首都，大敗中央軍，只用十五天就占領洛陽，元釗及胡太后被俘。爾朱榮將幼主元釗和胡太后沉入黃河，並殺死二千多名大臣。此事發生在黃河南岸，河北岸為陽，南岸為陰，故史稱「河陰之變」。

孝莊帝元子攸（五〇七～五三〇年，五二八～五三〇年在位，被殺，得年二十四歲）是彭城王元勰（孝文帝拓跋宏之弟）的嫡子，他姿貌俊美，通詩書，有勇力，自幼在宮為孝明帝伴讀，與孝明帝頗為友愛。五二八年被率兵南下的軍閥爾朱榮擁立為皇帝，實際上是傀儡，還被迫娶爾朱榮之女為皇后。

五三〇年，孝莊帝不堪爾朱家族的壓迫，謀殺爾朱榮，爾朱族人爾朱兆立即率領大兵攻入洛陽，將孝莊帝俘虜到晉陽（今山西太原）絞死。孝莊帝是個命運多舛的末世君主，五二八年還被南梁軍兵臨洛陽，只得棄城而逃，一年多後，他臨死前感觸深沉，向佛祖禮拜，發願生生世世不做皇帝，留下一首絕命詩，道盡他淒涼的末路：

權去生道促，憂來死路長。懷恨出國門，含悲入鬼鄉。隧門一時閉，幽庭豈復光。思鳥吟青松，哀風吹白楊。昔來聞死苦，何言身自當。

長廣王元曄（五〇八～五三二年，五三〇～五三一年在位，被殺，得年二十五歲）

爾朱兆立的傀儡皇帝，在位四個月被廢、被殺。

節閔帝元恭（四九八～五三二年，五三一～五三二年在位，被殺，得年三十五歲）

爾朱家族再一次立的傀儡皇帝。此時爾朱氏被另一軍閥高歡擊敗，他也於五三二年被高歡所廢並毒死。

安定王元朗（五一三～五三二年，五三一～五三二年在位，被殺，得年二十歲）

被高歡擁立的傀儡皇帝，在位六個月被殺。

孝武帝（出帝）元修（五一〇～五三四年，五三二～五三四年在位，被殺，得年二十五歲）

北魏最後一位皇帝，為高歡所立的傀儡。五三四年因不堪高歡壓迫起而反抗，戰敗後，逃出洛陽，投奔關中軍閥宇文泰，卻被其所殺，北魏結束。元修死後西魏定諡號為孝武皇帝，東魏不予承認，稱元修為出帝。此後高歡、宇文泰各自擁立一個傀儡皇帝，都自稱魏國，史稱東魏、西魏，北朝歷史進入後期。

北魏宣武帝以後，二十四年間出現七個皇帝，而且全部被殺，可見其政治動亂的程度。這種悲劇可說在孝文帝、宣武帝時已經造成趨勢，但使大局加速惡化，則與胡太后的統治有關。

胡太后當政（五一五～五二〇年、五二五～五二八年）

胡太后是北魏宣武帝妃嬪、孝明帝生母。這位女士是以太后、母親的身分殺死親生兒子皇帝的極少數案例主角。

她容貌美麗，文才頗高，也擅武藝，名字卻不得而知，有位姑母出家為尼，經常出入宮內，就引薦她入宮，很快受到宣武帝的寵愛。當時北魏後宮實行母死子貴制度，後宮女性皆不願生下皇子，胡氏卻感嘆國君不可無子，寧可不顧自己的生命。五一〇年胡氏生下皇子元詡，成為宣武帝的長子，宣武帝則已經二十八歲，在習慣早婚的古代，可謂得子極晚。史書記載當時北魏宮中「頻喪皇子」，其中必有非自然死亡者，可見母死子貴制度的影響，這也使元詡生下後就被抱走，並非由胡氏哺乳養大，母子感情應該因此受到影響。

完全漢化的宣武帝廢除母死子貴制度，胡氏得以存活。五一五年，六歲的元詡登基為孝明帝，胡氏成為皇太后，臨朝聽政。以北朝的標準看，胡太后無疑是女性的佼佼者。

她美麗非凡、讀書做詩、通曉佛理、箭術高明，吟得出「化光造物含氣貞」這樣的七言詩句，拉弓射箭可以正中針孔，親覽政務，自批公文，還常接納人民有冤屈的陳情、親自考試政府官吏。然而這一切都無法掩蓋她驕傲自大、自我感覺良好的個性與對實際情況的無知與漠視。這位太后曾巡視國家綢緞倉庫，後面跟著一百多人，包括王公大臣、宮廷女性等等。太后居然下令所有隨從人員可以任意搬取絹帛回家，只見眾人一擁而上，拚命拿走國家的綢緞，拿走一百多匹還算少的，一位親王和一位尚書令搬得太多，不堪負荷，摔倒在地，太后叫他們空手而回，成為當時的笑柄。

這件事或許是胡太后操控臣下的權謀；但即使如此，做法也太不可取，只暴露出太后本人目光短淺、任性妄為、奢侈浪費與對人民血汗、國家資產的輕忽。這種大規模的賞賜時常發生，受惠者都是圍繞在太后身邊的一群人，永遠不及於普通百姓。同樣的心態也可以解釋胡太后對佛教的做法：永無止境地修建佛寺，大規模齋僧，動輒幾萬人，下令全國各州都必須興建五層佛塔，於是皇族、高官、宦官、軍官等在洛陽競相建造佛寺，互相比賽高大壯麗。這種種做法十幾年間就使國家府庫枯竭，民力疲弊，等到北方軍閥的鐵騎一來，洛陽全面毀壞，一切的宏偉壯麗都變成曇花一現，只留下《洛陽伽藍記》這本書中的文字，述說著北魏後期那段短暫而畸形的繁華。

胡太后北朝豪放女的性格也表現在她的感情與性生活上。做為太后，她不乏情夫，這本是北朝宮廷的常態；例如她看上一位年輕英俊的將軍楊白花，便加以「逼幸」，將他納入情人之林；然而楊白花在不得已出入宮闈後，卻嗅出危險的氣息，等到父親一去世，便找個機會投奔南朝去了，可謂識時務者為俊傑。胡太后做為一個有文采的多情女子，當她發現以太后的地位與威權也無法保住中意的情郎楊白花時，她作出歌曲，命幾百個宮女列成長排，手臂相扣，以足踏地為節拍，唱出太后的無盡思念：

〈楊白花歌〉

陽春二三月，楊柳齊作花。
春風一夜入閨闥，楊花飄盪落南家。
含情出戶腳無力，拾得楊花淚沾臆。
秋去春還雙燕子，願銜楊花入窠裡。

這個故事太過鮮明，成為詩人吟詠的題材，例如一千多年以後，臺灣志士丘逢甲有詩：

〈楊花〉六首之一

濛濛飛送魏宮春　揉雪團雲逐塞塵
燕子不銜窠裡去　渡江愁煞踏歌人

大地震將到時，敏感的動物可能會預先設法逃跑。當北魏宮中響起這首情歌時，曾被胡太后逼上床的楊白花將軍已經看清形勢，改名楊華，跳下北魏這艘即將沉沒的大船了。

在北朝與以後的北方民族王朝，太后是否有情人，以及太后是否用情人管理國政，其實都無關緊要，重要的是，太后是怎樣的太后，以及太后的情人是怎樣的人。遼朝太后蕭燕燕就有漢人情人韓德讓，蕭燕燕是英明的太后，韓德讓是忠心又有才幹的大臣，在他們的合作下，穩定遼朝政局，又率軍南侵，迫使北宋與遼訂立「澶淵之盟」，遼進入強盛時期。胡太后第一個情人清河王元懌風評不差，卻在北魏高層內部奪權鬥爭中被殺，可是胡太后再度奪權成功，志得意滿之下找的幾個情人都是諂佞之輩，藉著太后的寵幸胡作非為。胡太后用他們當政，只是擴大皇家母子衝突，加速大動亂的到來而已。

孝文帝激烈漢化政策帶來的後遺症在五二四年正式出現，北魏隨即陷入大亂。不出所料，這場要了北魏帝國性命的大亂，最早的星星之火來自西北邊區的基層軍民，稱為「六鎮之變」。

六鎮之變

五二四年（北魏孝明帝正光五年），北魏北方邊疆地區爆發大規模動亂。動亂起自六鎮地區，故稱為「六鎮之變」。

所謂「六鎮」是六個邊防軍屯駐處，即禦夷鎮（今河北豐寧縣境）、柔玄鎮（今河北天鎮縣境）、懷荒鎮（金河北集寧市境）、撫冥鎮（今內蒙古卓資山）、武川鎮（今內蒙古武川縣）、懷朔鎮（今內蒙古五原縣），都位在陰山山脈南麓。北魏太武帝拓跋燾大破柔然後，為保衛首都平城，沿陰山設立六鎮，派兵駐防，歷代沿襲，成為北魏西北邊區的國防要地。又因軍隊長久駐屯，軍眷聚集，相關產業應運而生，六鎮漸漸具有相當的人口與經濟力，成為一連串軍事市鎮，六鎮地區也成為北魏國內的邊防特別區。

駐防六鎮的都是職業軍人，本來在北魏的社會階級中屬於貴族，種族則包括鮮卑、漢人與其他胡人，文化為傳統鮮卑文化，當地漢人已經胡化，風俗習慣更傾向於鮮卑。孝文帝遷都洛陽、激進漢化後，六鎮一帶忽然變成國家偏遠軍事地區，與洛陽的中央差異越來越大。六鎮地區鮮卑傳統文化深厚，遷都後北魏中央政府忙於推動漢化與對南朝作戰，貴族高官則貪汙腐敗，貪圖個人享受，從此根本無暇，也沒有意願管到此一地區，導致六鎮地區始終無法漢化，在心理上、文化上與中央的差異與隔閡日深。

遷都洛陽後，北魏的軍事重心變為南方前線，北方防務逐漸不被重視，六鎮將領的地位迅速低落。何況自從北魏漢化，推行九品中正制度以來，仕宦途徑被南遷的世族把持，六鎮人以前出仕做官、免除稅役的特權都被取消，遂由「國之肺腑」逐步淪落為「鎮户」，等於魏晉以來的世襲兵户。當遷到洛陽的鮮卑大族子弟受到漢化的洗禮，通過九品中正制人人榮顯，富貴安適的同時，六鎮駐軍的社會地位卻淪落到低層。駐鎮軍官被排斥在「清流」之外，升遷困難，鎮兵的地位更是低賤，與謫配的罪犯和俘虜為伍，受到鎮將、豪強殘酷的奴役和剝削。北魏南遷後，塞外的柔然部死灰復燃，又轉趨強盛，不時進擾掠奪，士卒生活更加危險與困難。北魏政府對此視若無睹，不加理會，反而在眼不見為淨的心理下，常將貪贓有據的不良官吏與重刑犯人調入此處，當地的社會與經濟問題因此更加嚴重，矛盾更加激化。六鎮軍民的不滿累積超過臨界點，終於釀成武裝起事，又因基層軍民受壓迫最重，故叛亂起自基層。

五二四年三月，沃野鎮人破六韓拔陵因與指揮官失和，殺掉官員造反，自稱「真王」，攻克沃野鎮，又北進包圍武川、懷朔二鎮。不久柔玄鎮鎮民發動叛變，民變領袖莫折大提攻占高平，關隴響應。至此，六鎮盡為反叛鎮民所占據。

五二五年二月，胡太后和孝明帝發動政變，奪回政權，隨即派使節出使柔然，要求柔然協助平叛。柔然出兵十萬向西進逼沃野鎮，連戰連捷，大敗六鎮軍，北魏也派元琛率軍自平城出發，並分化招降六鎮軍。五二六年破六韓拔陵渡河逃亡，六鎮之變平定，六鎮兵、民二十萬被俘，北魏政府將他們遷離家鄉，分配在今河北的瀛、冀、定三州就食，至此六鎮總算安定下來；然而河北又立即發生問題。

河北民變

六鎮二十萬被俘兵、民安置在河北三州之時，河北正遭遇水旱之災，本身糧食已經甚為窘迫，根本不願也無法分給這些外來人，於是移民大批逃亡，聚集成群，自行覓食，河北到處動盪。五二五年八月，原柔玄鎮士兵杜洛周聚眾於上谷（今河北懷來）起事，北魏出兵鎮壓，雙方屢經纏鬥。五二七年，民變領袖葛榮擊敗政府軍，進逼鄴城。五二八年初，民變領袖杜洛周也攻克河北南部各地。不久，民變軍發生內鬨，葛榮殺死杜洛周，統領其軍。

此時河北的民變軍有幾十萬眾，民變的效能擴散，山東、關隴接著爆發民變，其他各地也都出現規模不等的民變，北魏中央軍疲於奔命，備多力分，已經無法鎮壓，於是手握重兵，鎮守太原的胡人大將爾朱榮變成舉足輕重。

爾朱榮早有圖謀中央的野心。五二八年胡太后、孝明帝母子反目，孝明帝密召爾朱榮為援，爾朱榮求之不得，進軍中央，北魏朝廷迅速被爾朱榮控制。爾朱榮隨即調動四路大軍三十六萬人進逼民變軍。葛榮戰敗被俘，押至洛陽斬首，河北民變平定，但北魏政權已進入爾朱榮之手。

六鎮之變與河北民變是王朝末年因政治不良與民生困難引爆的基層革命，類似秦朝末年的陳勝吳廣起事、東漢末年的黃巾起事、東晉末年的孫恩盧循起事、唐朝末年的黃巢起事、清朝後期的太平天國起事等。這種革命起自基層，一時聲勢龐大，中央政府本身的力量無法鎮壓時，往往求助於地方軍閥、官員、豪強、世家大族等，給予他們特殊資源，或允許他們自行招兵作戰、自行取得糧餉等特權，結果基層的革命被這些人鎮壓，這些人卻變成尾大不掉，中央政府空虛化，不久滅亡，全中國也陷於分裂與動亂。北魏後期既然已經被改造成中國式的帝國，也就逃不掉這種命運。

河陰之變與爾朱氏專權

五二八年爾朱榮擁立孝莊帝，把胡太后和幼主元釗帶到河陰（今河南孟津東），投入黃河淹死。然後又以新主皇帝祭天，召見百官為名，誘使兩千多名官員齊集淘渚（孟津西北），在眾多騎兵包圍下，爾朱榮歷數百官罪狀，將他們全部殺死，稱為「河陰之變」。事變使北魏朝廷官員為之一空，這對爾朱榮集團而言是好事，因為絕大部分的職務空缺都由爾朱榮的部下補上，人人升官發財。

爾朱榮的女兒原為孝明帝嬪妃。爾朱榮執政後，迫使孝莊帝將她娶為皇后。孝莊帝外逼於爾朱榮，內迫於爾朱后，處處受制，快快不樂。五三〇年八月，孝莊帝不甘心做傀儡，利用朝見的機會，伏兵殺死爾朱榮與其長子等三十餘人，爾朱榮這一支死亡殆盡。爾朱家族立刻發動復仇，由爾朱兆、爾朱世隆立長廣王元曄為傀儡皇帝，出兵俘虜孝莊帝，送到晉陽縊死，北魏中央仍由爾朱集團控制。

爾朱家族可能是五胡中羯族的孑遺，被鮮卑族征服後鮮卑化，世居山西的太行山區，在較為孤立隔絕的環境中始終未曾漢化。北魏孝文帝的遷都與激進漢化過程中，他們因保持傳統，部族特色得以逐漸充分顯露，成為既與洛陽中央截然不同，又不屬於六鎮系統的胡人地方軍閥。六鎮之變以後，北魏中央軍與六鎮變民軍的力量互相抵消，爾朱氏胡人軍閥的力量相對大增，故得以掌控北魏政權。

做為當時胡人勢力的代表，爾朱家族對於漢化不屑一顧，成為北魏末年胡人文化正統派或胡人基本教義派的象徵。爾朱榮在掌握北魏政權後的表現，足以說明此種心態。史書記載爾朱榮「舉止輕脫」，每次到洛陽見皇帝都只是表演他的馬術技藝、舉行射箭比賽，皇帝也要下場，王公、嬪妃、公主等當然得參加。大家聚集一堂，比賽開始，皇帝如果射中目標，爾朱榮就自己起來大呼大叫地跳舞，所有在場的人也要跟著跳。眾人酒酣耳熱後就唱起鮮卑小調，鬧到傍晚爾朱榮告辭時，還高唱著鮮卑歌，和部下手臂相扣，舉腳踏地而去。有一次他看見兩個佛教僧侶共騎一匹馬，大為動怒，攔下這兩個人，要他們彼此用頭不停地互撞，撞到兩個出家人頭昏腦脹不能動，就叫衛士提起他們繼續互撞，到死為止。

這些行為從漢文化的角度看是不學無術、舉動輕浮、欠缺教養、殘暴不仁……然而若從游牧民族文化的角度看，則高興起來當然要大碗喝酒、表演騎術箭術、唱歌跳舞，人人參加，人生本來就該如此，至於要兩個出家人撞頭到死，那就是對他們不愛惜馬匹的懲罰了。由此看來，六鎮之變、河北等地的民變與爾朱氏專權，其實都有社會與文化層面的背景與意義，那是鮮卑等游牧文化對孝文帝激進漢化政策的大反撲。史學家陳寅恪就認為河陰之禍是「胡人及胡化民族反對漢化之公開表示」。當時進入漢人地區的西北邊區，鮮卑人經常欺侮漢人，就連已經漢化的胡人也一併遭殃，可見在種族問題之外，文化問題是更重要的因素。北朝後期這種反漢化的風氣一直延續到東魏、北齊，這兩個政權內部不同族群與各種文化之間的關係，一直頗為緊張。

高歡崛起與北魏結束

收拾北魏末年亂局，也將北魏送入終點的是胡化的漢人軍閥高歡（四九六～五四七年）。

高歡出身六鎮中的懷朔鎮，參加六鎮之變，後來投靠爾朱榮，擔任晉州（今山西中部）刺史。五三一年，他統帥六鎮流民進入河北，得到當地大族的協助，開始占有自己的地盤。此時河北民變剛被平定不久，高歡本是民變領袖葛榮部下，很快將葛榮失敗後原六鎮以鮮卑為主的流民整合起來。高歡嚴整流民紀律，規定他們「不得欺漢兒，不得犯軍令」。亦即一要與本地漢人和睦相處，二要聽從自己的命令，遂成為鮮卑流民和漢族大姓聯合勢力的領袖。此時高歡名義上是爾朱榮部將，實則已決定自立爭天下，不久就與爾朱集團決裂。

高歡本為貧民，少年時代家徒四壁，娶妻時從女方的嫁妝中得到一匹馬，才有資格在北魏邊鎮軍隊中當個小隊長。「六鎮之變」將高歡捲入鐵血殺戮的生涯，也造成他發展事業的機會。做為政治領袖，高歡節儉自持，更明察形勢，善於掌握時機，借力使力。例如為避免與北方游牧民族柔然（蠕蠕）正面對抗，並借用其力量，娶了柔然公主。為討伐爾朱氏集團，高歡也「挾天子以令諸侯」，立安定王元朗為帝，與爾朱氏所立的節閔帝對抗。此時爾朱榮已死，繼任的爾朱兆聞訊，率二十萬大軍攻打高歡。高歡在敵眾我寡下沉著應戰，又施反間計，使爾朱家族內部互相猜忌，終於擊敗爾朱氏，占領鄴城。五三二年，高歡攻入洛陽，先後殺死兩個傀儡皇帝，改立元修為帝，是為孝武帝，北魏政權落入高歡之手。五三四年孝武帝與高歡決裂，出兵攻打高歡失敗，自洛陽脫逃，投奔鎮守關中的大將宇文泰，卻被宇文泰殺死，北魏結束。

北魏自孝文帝南遷到國不成國，僅僅四十一年，北方的分裂與動亂重演，只有時間與團結融合的一批人將來才有辦法解決。

探索北朝至此，先將政治與要聞暫時擱下，下一章讓我們來關注北朝的生活。

資料出處

《魏書》高祖本紀下、世宗本紀、肅宗本紀、孝莊帝本紀、廢出三帝本紀、皇后列傳、孝文五王傳
《北史》后妃列傳上、爾朱榮傳
《南史》王神念傳附陽華
《北齊書》魏蘭根傳
《資治通鑑》卷一四九
《柏莊詩草、藥帖：丘先甲、丘逢甲、丘念臺遺墨彙集》

第四章 種麥炙豬存要術，搴裙縱馬飲酪漿

北朝生活面面觀

〈憶秦娥〉

接大漠　黃土坡高黃河落
黃河落　麥田草場　馬蹄車轢
漢兒胡女波斯樂　洛陽寺塔金芒灼
金芒灼　酪漿飲罷　蹋歌連膊

以文化的衝擊性與多樣性而論，北朝統治地區遠較南朝為甚。中國北方從五胡十六國到北朝期間，胡、漢文化經由相遇到相剋，再由不得不相處而相互學習到相生，文化變動激烈。北朝是大分裂時期的後半段，胡、漢文化已經漸漸融合，二者你中有我，我中有你，所以北朝人的生活甚為多彩多姿。

探索北朝生活的在歷史之旅中可稱幸運，原因在於資料較多。北朝有幾部獨特的著作流傳下來，保存許多重要的史料，包括楊衒之《洛陽伽藍記》、酈道元《水經注》、賈思勰《齊民要術》、嚴之推《顏氏家訓》等。今日探訪北朝，仍然可以依據這些書中的資料，配合《魏書．食貨志》等記載，重建當時生活的各種面貌。

理解北朝生活的幾個角度與脈絡

以這些書做導覽資料，北朝人各式各樣的生活可以從不同的角度與脈絡探訪。

從地理的角度看，洛陽的生活充滿大都市的繁華，光鮮亮麗與奢侈腐敗並存；西北沿邊六鎮的生活則辛苦質樸，充滿尚武精神；農村中的生活仍是傳統型態，日出而作，日入而息，天高皇帝遠，有事「三長」管。

從社會的角度看，皇親國戚、達官貴族的生活豪奢浪費，醉生夢死；邊區軍人的生活則不論物質或心理上都一天不如一天；農民的生活終年勞苦，被地方豪強與「三長」控制。

從宗教的角度看，當時人面對的宗教環境是高度甚至過度發展的佛教，加上與之努力抗衡的道教，宗教生活是北朝日常生活的重要部分。

從文化的角度看，北朝生活是漢人文化與胡人文化融合的結果，所有外來人等都必須適應，包括主動投奔或被擄掠來的南朝人、前來經商或發展宗教的西域人等等；又因北朝政治狀況與文化取向變動劇烈，人的生活往往因為政治環境與領導者的意志而變遷。

茲以當時書籍的內容為經，上述的分類為緯，設法說明北朝生活的面面觀。

洛陽城生活百態——《洛陽伽藍記》

做為北魏後期的首都，洛陽是當時北朝最大的城市，政治、經濟、文化、宗教的中心，國家首善之區，貿易會通之處，當然也是奢靡之都，甚至罪惡之窟。對當時這個城市的描寫，首推生活在北魏末年的楊衒之所撰《洛陽伽藍記》。此書完成於東魏孝靜帝時，北魏已經分裂，實質上滅亡，為追憶性質的作品。作者在北魏孝莊帝永安年間（五二八～五二九年）於洛陽任官，得以見到洛陽做為北魏帝都極盛時狀況。此後他因職務調動，離開首都。將近二十年後的東魏孝靜帝武定五年（五四七年），因公務再至洛陽，卻只見「城郭崩毀，宮室傾覆，寺觀灰燼，廟塔丘墟，牆被蒿艾，巷羅荊棘」，一片破敗景象，甚至連鐘聲都罕聞。就在不久之前的繁華壯麗消失殆盡，二十年歲月恍如一夢。悲傷哀嘆之餘，追思往昔情景，楊衒之先生感覺有必要將他曾經目睹的洛陽盛世記錄下來，這本書因此出現。

「伽藍」是佛教名詞，為「僧伽藍摩」的簡稱，由古印度語音譯而來。「僧伽」意為僧團；「阿蘭摩」意為「園」，伽藍指僧眾共住的園區，即佛教寺院。《洛陽伽藍記》顧名思義，是介紹北魏首都洛陽的佛寺，介紹方式是將洛陽分為城內、城東、城西、城南、城北五區，採分區敘述；然而基本資料外，書中對各寺院的緣起、變遷、規模，以及附近相關的風景名勝、名人往事、奇談異聞等都有記載。從書中看來，北魏時洛陽的佛寺在供人參拜、做法事以外，也成為洛陽人觀賞、休閒、遊覽、社交等活動的場所。以今天的眼光看，《洛陽伽藍記》就是北魏首都洛陽的導覽書，它以佛寺為索引，介紹這座城市的建築規模、文物典章、歷史掌故等，甚至傳聞八卦。一書在手，不難深入洛陽，到處探訪，彷彿當時城裡的人和事，就活生生出現在眼前。

洛陽的佛寺與生活

北魏佛教盛行，自明元帝停止滅佛以來，皇室信奉虔誠，投入大量資源，佛教發展迅速。遷都洛陽以後，天子、后妃、皇子、公主等往往花費鉅款建築佛寺、布施僧眾。上行下效，王公士庶也都競相效法，洛陽遂在短短不到四十年裡，成為佛寺與僧尼密度極高的城市。總計洛陽在此階段修建寺院一千三百餘所，在互相比較、超越從前的心理影響下，這些佛寺建築壯麗，裝飾華美，舉行活動時排場豪奢，在在都給初到洛陽的楊衒之留下深刻的印象。茲介紹最著名的數座，和圍繞著這些佛寺的洛陽生活，請以初到北魏故都參訪的心情探索：

永寧寺

胡太后於五一六年下令建造，費時三年完成，位於洛陽中心，皇宮大門以南約一里的皇家大道（御道）邊，附近都是政府機關。寺開四道門，正門向南，代表皇家，門樓三座，高二十丈（約五九．二公尺），以空橋相通，四門外都是筆直大道，路旁種植槐樹，引進流水，往來行人得以遮蔽烈日。

《洛陽伽藍記》記載寺內有木造九層佛塔一座，加上金屬頂部，全高一百丈，約當兩百九十六公尺（按，北朝一丈等於二九六公分，一百丈等於二九六公尺），達到臺北一〇一大樓高度五〇九．二公尺的五八．一三％！《水經注》則說塔高四十九丈，約當一三六．七公尺，加上塔頂，總高約為一四七公尺。不論如何，它都是中國古代最高的佛塔，高到距離洛陽約五十公里的地方就可以遠遠看見。塔身為四方形，九層的四面都開有門窗，柱子圍裹錦繡，門窗塗飾紅漆，門扉上有五排金釘，旁有金環。塔頂矗立一個金寶瓶，下方環繞十一層金盤，稱為「承露盤」，由塔頂垂下四根大鐵鍊，引向四角，每層角落都掛有大型銅製風鈴，全塔共一百三十個，風起時發出鏗鏘之聲，幾公里外都可以聽到。

寺內主佛殿仿北魏皇宮太極殿建造，供俸一丈八尺（約五．三三公尺）金佛像一尊、次長的金佛像十尊，繡珠佛像三尊，金織成佛像五尊，玉佛像二尊，都作工奇巧。僧房樓觀等一千餘間，雕梁粉壁，裝飾精美。庭院內花木扶疏，石階邊都是叢竹香草。外國所獻佛經、佛像都存放在此寺。

如果用現代語言形容永寧寺，那是洛陽第一佛寺，北魏佛寺的重中之重，永寧寺尤其是寺內佛塔的建築，是北魏帝國的國家第一重點工程；又因是胡太后在五一六年下令修建，正當其夫宣武帝死後兒子孝明帝剛即位的次年，胡太后也剛由嬪妃升格為太后，所以還是這位掌權太后的形象工程。然而這座平地而起的佛寺花費三年落成，卻只風光了大約十五年，到孝武帝永熙三年（五三四年）二月，永寧寺塔為雷電擊中，引起大火，永寧寺受到嚴重破壞。同年七月，孝武帝西遷長安，永寧寺隨之荒廢。

永寧寺塔遭雷擊事件若從氣象學角度考察，以黃河流域的氣候看，春雷開始發動的驚蟄節氣約當每年陽曆三月六日，五三四年的驚蟄正落在陰曆二月。永寧寺塔既然是當時洛陽附近最高的建築，頂部又是金屬結構，被春雷擊中，屬於正常天氣現象。然而在古人眼中，這場雷擊天火應該具有深刻的道德意義。比照《舊約聖經》中對「天火焚毀所多瑪、蛾摩拉城」的敘述，可能對於當時的人來說，永寧寺遭雷擊、大火毀壞，是「天象示警」，果然不久之後皇帝出奔，北魏也分裂消亡，簡直就是天意的全面展現，是上天對胡太后亂政的懲罰。

永寧寺塔是已知的最高木製佛塔，現存的世界最高木塔為中國山西應縣木塔，建於一〇五六年，高度約六十七公尺，還不到它的一半。永寧寺塔堪稱中國古代工程奇蹟，一千五百年以後仍有夯土地基留在今天的洛陽，占地約一萬平方公尺，深達六公尺。這座形象鮮明，寓意深遠卻曇花一現的佛塔，以充滿戲劇性的短暫一生，換來當時與後代無數人的感嘆，它本身就是北魏遷都洛陽以後的象徵。

瑤光寺

宣武帝下令建立，位於洛陽城正西門御道北側。寺內有五層佛塔一座，高五十丈，全寺規模不及永寧寺，但精巧則超過。設有尼房五百餘間，門户相通，又種滿樹木香草，種類繁多。

這座佛寺是專供後宮女性、貴族婦女修道禮佛的場所，故寺內全部為尼僧，其中還有看破紅塵出家的貴族女性。可以想見這裡也是當時貴族女性的社交場地、聯誼中心，衣香鬢影飄盪在香煙繚繞中的盛況，應該是洛陽人不分男女欣羨的地方。然而可能也就是它充滿美女貴婦的名聲太響，五三〇年大軍閥爾朱榮率兵攻陷洛陽時，有數十個胡人騎兵闖入瑤光寺「淫穢」。當然這些胡人軍漢亮出刀槍威迫時，寺內的女人也不敢不從；可是從此之後，洛陽出現一段順口溜：

洛陽男兒急作髻，瑤光寺尼奪作婿。

「髻」為婦女的盤頭髮型。年輕男人也要梳個女妝頭，意在諷刺瑤光寺淫風太盛，男人要裝扮成女子，才能避免被瑤光寺的尼僧搶去。這段順口溜是典型的誇大之詞與酸文酸語，卻也可以由此看出瑤光寺在當時的地位與其象徵意義。

景樂寺

太后、皇帝都修建佛寺，親王當然跟進。孝文帝之子、宣武帝之弟、胡太后的情人清河王元懌就建造了這所佛寺，位於皇宮南門御道東側，正好與永寧寺東西相望。

這也是一座尼寺，寺內以雕刻巧妙著稱，名列全國第一。大殿四周環繞著廳堂尼房，遍植楊柳鮮花，風景秀麗。每到各月的「六齋日」，即八、十四、十五、二十三、二十九、三十日，寺中女子樂隊都會演奏，配以歌舞，絲竹嘹亮，歌聲繞梁，舞袖婉轉，由於禁止男性進入，有幸看到的都以為到了天堂。不過依照佛教的教義，「六齋日」為四大天王調查人類善惡的日子，也是惡鬼窺伺人的時候，故諸事必須謹慎，要遵行「過午不食」，潛心修行。景樂寺當時在六齋日的場面，似乎與佛教的原意有所出入，應該也是《洛陽伽藍記》作者一種含蓄的諷刺筆法。

景樂寺在短短數十年中的變化也甚為有趣。元懌死後，景樂寺的門禁放寬，百姓得以隨意出入；但也逐漸荒廢。後來元懌的弟弟汝南王元悅將它修復，此人性好神奇，以王爺的財力與勢力，竟將景樂寺變成演藝娛樂中心。他常在寺內召來各種樂隊表演、競賽；又弄來奇禽異獸，在殿庭之間飛舞跳躍；進一步就是舉辦魔術表演，舉凡飛空入天、剝驢投井，植棗種瓜這些魔術，無不具備，變出來的瓜果還當場分給觀眾吃，觀眾看得目瞪口呆，頭腦迷亂。這種魔術表演一直舉辦到北魏末年戰火波及洛陽，才告停止，對當時的人來說，更是萬事虛幻，繁華成空的表徵。

《洛陽伽藍記》也記載景樂寺北邊連接義井里。此里之得名，是因為它的北門外有桑樹數株，枝條繁茂，樹下有井一眼，井水甘甜，旁邊設有石槽、鐵罐，免費將井水提供給往來行人，有如過去鄉間路旁的奉茶之舉，許多奔波在道路上的人在此飲水休憩。這種社會義舉正代表北朝民間風氣純樸的那一面，出現在燈紅酒綠的洛陽，尤為難得。

白馬寺

位於洛陽城西郊，是中國最古老的佛寺，東漢明帝時建立。它的建立，代表佛教正式傳入中國。在北魏時，當年「白馬駝經」用的箱函還在寺中保存，僧人經常燒香供養。

《洛陽伽藍記》說這「白馬駝經」用的箱子「時放光明，耀於堂宇」，廣受信徒頂禮膜拜。

白馬寺因在城外，附近有許多園林果樹，出產高級水果，尤以蘋果、葡萄、石榴最著名。當地的蘋果可以重達七斤（按，北魏的一斤約當〇．四四公斤，七斤約為三．〇八公斤），葡萄比棗子還大，都非常美味，品質為洛陽第一，貢奉皇宮。有時皇帝會賞賜給宮女，宮女往往轉贈親戚，得到的人對這種皇家奇味珍果都不敢隨意吃掉，又轉送別人，一枚水果因此常常轉手幾次。至於石榴，竟珍貴到使洛陽出現這樣誇張的順口溜：

白馬甜榴，一實直牛。

（白馬寺甜石榴，一顆抵上一條牛。）

寶光寺

位於洛陽西郊皇家大路（御道）北側。寶光寺也因在城外，占地廣闊，擁有大片平地園圃，出產許多水果蔬菜。

這座佛寺最著名的是庭園景色。寺中園區內有一座大湖，湖旁青松翠竹環繞，湖岸蘆葦羅生，湖面菱荷遍布，是洛陽的水岸休閒勝地。每到良辰美日，馬車連接，冠蓋如雲，許多政府官員忙裡偷閒，呼朋喚友，來此訪寺遊湖。這些洛陽高層人士有的置酒林泉，題詩花圃，有的在水邊大啖蓮藕甜瓜以消暑，大家都玩得不亦樂乎。

景明寺

宣武帝在景明年間（五〇〇～五〇三年）建立，因而得名。此寺呈方形，東西南北四邊各五百步。寺前可遠望嵩山，寺後就是洛陽城，有僧房一千餘間，配以水池三處，以河流相連，青林綠水，游魚落雁，竹影蘭芳，環境清幽，在寺內冬可避寒，夏可避暑。胡太后又在寺裡建造七層佛塔一座，妝飾華麗，比美永寧寺塔。寺內利用水力推動水車，推磨碾米不需人力，亦為北朝定點式小型水利設施代表。

每年四月七日是洛陽萬佛聚會的日子，各寺的佛像紛紛出巡，從四面八方匯集到景明寺，依北魏政府統計，達一千餘尊。這些佛像在寺內停留一晚，至八日從宣陽門進城，在皇宮前接受皇帝散花。那是非常盛大熱鬧的慶典，《洛陽伽藍記》形容為：「金花映日，寶蓋浮雲，旛幢若林，香煙似霧，梵樂法音，聒動天地。」還有種種表演，來自各方的隊伍互相競賽，各地來的僧侶聚集成群，信徒都手持鮮花頂禮參拜，交通為之堵塞。曾有西域胡人僧侶看到這種情況，高呼「這就是佛國」。

洛陽市的社區分化與分工

隨著都市持續發展，人口不斷增加，產業日益發達，都市的地理景觀會發生改變，逐漸趨向區域的分工化，專業的社區因此出現。洛陽做為北魏的首都，就有這種現象，影響洛陽居民的生活至為深刻。《洛陽伽藍記》對這方面的情形記載甚為清楚詳盡，茲舉數例說明。

市場、商業區與富商

洛陽西陽門外四里處御道南邊，就是洛陽大市場，周圍八里（約四公里，每邊一公里）。大型市場設在西門外，代表從絲路來的貨物與客商必然為數眾多，所以這裡是一座大型的國際性商場。

大市場東邊的「通商里」、「達貨里」是典型的商業社區，里內的人全部從事手工業、屠宰業、貿易業等，富人雲集。當時首屈一指的富翁名叫劉寶，他是壟斷民生日用品如糧食、食鹽等通路與賣場的大商人，經商地區遍及所有水路交通網絡，在每個州郡置有住宅，各別館都配備馬一匹。他販售的物品種類繁多，賺到的錢可稱「銅山金穴」，因此住宅逾越制度，車馬服飾也等同親王。

音樂、娛樂專業社區

大市場南邊就是「調音里」、「樂律里」。這是音樂工作者與演藝人員聚集的地方，里內的人都從事絲竹樂器演奏、唱歌跳舞等行業，天下技藝絕妙的音樂家與演藝人員都出在此處。

釀酒專業

北魏洛陽曾出現一位來自山西的釀酒達人劉白墮。他釀出來的酒以甖貯藏，酷暑六月時在陽光下曝晒，經過十天酒味也不變，入口香美，號稱喝醉後一個月不醒。北魏的高官權貴用他的酒來饋贈遠方親友，這酒往往在路上跋涉千里，因此外號人稱「鶴觴」，或者通俗一點就直呼「騎驢酒」。這種酒有一次在運輸途中被搶去，強盜們開懷暢飲，不料全部醉倒，被官府輕易擒獲，因以又贏得一個外號叫「擒奸酒」。當時江湖道上的順口溜就說：

不畏張弓拔刀，唯畏白墮春醪。

殯葬專業社區

洛陽大市場北邊有「慈孝里」、「奉終里」，顧名思義就是殯葬專業社區，里內的人都從事販賣棺槨、出租靈車等工作。

富而不貴社區

當時洛陽的富豪多住在「阜財里」、「金肆里」，可稱富而不貴的社區。里內樓宇華麗，內外幾重門，各樓間以閣道交通，居民家中堆積金銀錦繡，奴婢都穿絲衣，僕隸都吃名菜。孝明帝神龜年間（五一八～五一九年），因工商業者食衣住行效法貴族高官，超越國家規範，北魏政府下令他們不准穿金戴銀，不可身披錦繡，結果這個法令成為一紙具文，完全無法施行。

南朝投降高層人士的洛陽生活

洛陽還有一里稱為「延賢里」，專門容納從各方投奔而來的人士，里內有座正覺寺，由尚書令王肅建立。

王肅（四六四～五〇一年）此人在當時的南北雙方都大大有名。他原是南方人，出身瑯琊王氏，是王導的後裔，屬於南方首屈一指的頂層僑姓世族。父親王奐被齊武帝蕭賾所殺後，王肅於四九三年歸降北魏，北魏孝文帝命他率兵南征，王肅擊敗齊軍，也奠定他在北魏政府中的地位。孝文帝的遷都、漢化等政策，都曾經徵詢王肅的意見。孝文帝死後，王肅出任尚書令，參與朝政，曾率軍十萬人接應南齊大將裴叔業投降北魏，大勝南齊追兵，官拜都督淮南諸軍事、揚州刺史，成為北魏的南方軍區司令，身繫南方國防重任。

王肅在江南娶妻謝氏，投奔北魏後，孝文帝將寡居的妹妹陳留長公主嫁給他，這位南朝世族遂成為北朝駙馬。此時他在南方的妻子，出身陳郡的謝氏夫人已經拖兒帶女跑到北魏，面對丈夫再娶，便作了一首五言詩送去給王肅：

本為箔上蠶，今作機上絲。得絡逐勝去，頗憶纏綿時？

（本來是竹蓆上的蠶，現在成了紡織機上的線。順著線爬上去，從前的纏綿時候還很想念？）

這首詩送到駙馬府，陳留長公主看見，提起筆來代替王肅回答說：

針是貫線物，目中恆紝絲。得帛縫新去，何能納故時？

（針是用來穿線的東西，眼裡永遠容納絲。線遇到帛就縫新衣去了，哪能容納舊日子？）

一南一北謝氏、元氏兩位王夫人都是才女，兩位才女以筆代劍，高來高去地交鋒一招，在文學造詣上真是難分勝負。此番比劃雙方都採用南朝民歌慣用的諧音手法，「取瑟而歌」，婉轉表達自己的意思。謝才女用「絲」諧音「思」，用「絡」諧音「洛」，意思是問王肅，夫君你到洛陽順著竿子爬到高處，還想念我們往日的纏綿嗎？元才女則用

「紝」諧音「任」，用「絲」諧音「思」，意思是任憑妳怎麼思念，舊日子是沒有容納的地方了。這位公主還以其人之道還治其人之身，回覆的詩採用謝夫人原詩的韻腳「絲」、「時」二字，成為中國文學史上有記載的第一首「和原韻詩」，非常不容易，由此也可見北魏皇家漢文化教育的成果。

元氏是大魏公主，身分尊貴，隨扈如雲，既然替丈夫出手，親筆拒絕，謝氏夫人當然沒辦法再和王肅復合；然而北魏政府對這樣一位南朝頂級世族女性照樣甚為優待，歡迎她在洛陽住下去，後來她與王肅生的大女兒王普賢入宮，成為宣武帝的嬪妃，封貴華夫人，小女兒也嫁給廣陽王元淵，可見南北朝時雖然南北對立，但雙方的高層其實是對等的，充分顯現出貴族式的政治與社會型態。至於夾在中間的王肅，尷尬可想而知。為安撫公主，這位南朝來的駙馬向第二任妻子表明心跡，方法是建造正覺寺，送給公主做為休閒之所。王肅用「正覺」二字為寺名，應該有他意在言外表明心跡的特殊用意；用建造佛寺來寵妻，則是當時洛陽達官顯貴的風氣了。

北朝生活在飲食上與南方有顯著差異。北方以羊肉為珍貴食物，宴會必備，搭配的飲料酒以外就是酪漿。酪漿，一說就是馬、牛、羊的奶，另一說是將奶油攪打，取出油脂後剩下的液體，不論如何，酪漿來自動物的乳汁，有時還會經過發酵，帶有酸味。對於吃慣米飯配魚湯，喝慣茶的南方人而言，需要一段時間才能適應，王肅就親身體驗過。

王肅剛到北魏時，不吃羊肉、酪漿這些東西，常吃鯽魚羹，渴了就喝茶。洛陽的上層人士瘋傳王肅喝起茶來就是一斗（按，南北朝一斗相當今日三公升），給他起個外號叫「漏卮」（底下有漏洞，裝不滿的杯子）。幾年以後，一次孝文帝大宴百官，王肅吃下許多羊肉，喝掉不少酪漿。孝文帝覺得奇怪，對王肅說：「你覺得中國的味道，羊肉比起魚羹怎樣？茶水比起酪漿怎樣？」王肅對答說：「羊是陸地產品中最好的，魚是水族中最佳的。人喜好不同，因此各自都可稱珍品。如果說味道，優劣就很清楚。羊好比齊、魯這樣的大邦，魚好比邾、莒這樣的小國，唯有茶沒得比，只配給酪作奴隸。」孝文帝大笑。旁邊彭城王對王肅說：「您不看重齊、魯大邦，反而愛邾、莒小國。」王肅對答說：「家鄉所喜歡的，我也不得不喜歡。」彭城王又說：「您明天光臨我家吧，我會為您準備邾、莒的食物，也有酪奴。」從此茶在北魏高層圈子裡又叫「酪奴」。

這樣一陣笑謔後，孝文帝舉起黃金酒杯出了個謎語：

三三橫，兩兩縱，誰能辨之賜金鍾。

御史中尉李彪立刻回答道：

沽酒老嫗甕注𤭛，屠兒割肉與秤同。

尚書右丞甄琛接著說：

吳人浮水自云工，妓兒擲繩在虛空。

至此，皇弟彭城王元勰說：「臣這才曉得這個字是『習』字。」孝文帝就將金杯賜給李彪，滿朝大臣也都佩服李彪聰明有智與甄琛應和的迅速。

李彪的話翻譯成白話文是「賣酒的老婆婆把酒從罈子倒進長頸酒瓶，屠夫切下一塊肉來要幾斤幾兩就幾斤幾兩。」甄琛的話則是「吳地方的人游泳就自誇游得好，雜技演員拋出繩子直上天空。」

二人舉出四個例子，都暗示一般人看來高難度的事，專業人員能夠輕易做到，只因從事多年，身經百練，已經「習」慣了，用以形容王肅已經習慣北方食物。而「習」這個字，正好由三組三橫與兩組兩縱構成，當然就是答案。有趣的是，直到元韶發話前，問答的三個人壓根沒有提到一個「習」字。

這又是一場高來高去的文字遊戲，類似中國古代文人玩的「射覆」，程度夠的人聽了就懂，根本不必多加解釋，程度不夠的人只能有如鴨子聽雷。這場猜謎如果發生在南朝的「王謝風流」場合，應屬平常；但出現在北魏孝文帝的朝廷，就具有文化上的重要意義。由此可見孝文帝漢化運動的徹底，也清楚顯示漢化運動是如何影響到北魏上層社會的生活方式。

北魏官員的待遇與福利

北魏官員的待遇與福利不差。依照均田制的規定，地方官員按品級授給公田，已如前述，中央官員則發給俸祿，多用實務發放，包括米、肉等。《魏書．食貨志》記載北魏末年府庫空虛，國家財政出現危機，只得厲行撙節政策，把發給官員的米、肉減半，一年「省肉百五十九萬九千八百五十六斤，米五萬三千九百三十二石」。依此計算，正常情況北魏政府每年要發出米十萬零七千八百六十四石、肉三百一十九萬九千七百一十二斤做為官員薪俸，折合現代度量衡制，米約五百六十九萬五千兩百一十九公斤，即每月約四十七萬四千六百零二公斤（按，北魏一石等於一百二十斤，一斤等於〇．四四公斤，0.44公斤×107,864×120＝5,695,219公斤，5,695.219公噸÷12＝474.602公噸）；肉每年要發出約一百四十萬七千八百七十三公斤，即每月約十一萬七千三百二十三公斤（按，0.44公斤×3,199,712＝1,407,873公斤，1,407.873公噸÷12＝117.323公噸）。

在此之前，北魏政府早已入不敷出，就停止發放官員的配給酒。這是官員的一種福利，停止後每年節省用來釀酒的米五萬三千五十四斛九升，折合現代度量衡制，約當一百五十九萬一千六百二十三公斤（按，北魏一斛＝十斗＝一百升，一升等於〇．三公斤，0.3公斤×5,305,409＝約1,591,623公斤，1,591.623公噸）、雜穀六千九百六十斛，約當二十萬八千八百公斤，二〇八．八公噸、麵三十萬五百九十九斤，約當十三萬兩千兩百六十四斤，一三二．六四公噸，三者相加，每年釀造官員福利酒就需要一百九十三萬八千六百八十七公斤，一九三八．六八七公噸的糧食，即每月約十六萬一千五百五十七公斤，一六一．五五七公噸，可見其規模的龐大。

北魏官員的數目史無明文，依《魏書．官氏志》記載宣武帝正始元年（五〇四年）皇帝下令確定一些武職官員的名額：「五校可各二十人，奉車都尉二十人，騎都尉六十人，殿中司馬二百人，員外司馬三百人。」來看，其中「五校」為正五品武官即射聲校尉、越騎校尉、屯騎校尉、步軍校尉、長水校尉，共有一百人；奉車都尉為從五品武官，二十人；騎都尉為從六品武官，六十人，殿中司馬、員外司馬是宮廷侍衛，更達五百人，可見北魏官員的名額不少，待遇也不錯，只要在太平盛世，這一大群人的生活堪稱愉快。

北朝基層人民生活

對於北朝基層人民的生活，因現存資料零散，全面詳細描繪並不容易，幸好北魏末年有一位留心農業的官員賈思勰，畢生研究北朝時期的生產活動，寫出一本中國歷史上著名的農業專書《齊民要術》，留下許多當時的農業技術，將此書配合《魏書．食貨志》研究，使我們得以一窺北朝的基層生活與農村狀況。

《齊民要術》

北魏官員賈思勰所著，成書於北魏末年到東魏之間，是中國保存最完整的古代農業專書。「齊民要術」可解釋作「平民謀生的重要方法」，亦可解釋為「治理農民的重要方法」。

全書分為十卷，九十二篇，內容涵蓋北朝時農藝、園藝、造林、蠶桑、畜牧、獸醫、配種、釀造、烹飪、儲存，以及因應災荒的方法。

全書抱持「食為政首」的精神，研究記載北朝時期的各種生產活動，舉凡五穀、瓜果、蔬菜、樹木的栽培，牲畜、家禽、魚類的養殖，酒、醬、醋、豉、羹、臛（肉羹）、葅（泡菜）、餅（麵食）、飯、飴（麥芽糖）、糖等的製作，無不具備，還包括煮膠、造墨等，均極為仔細，並加入大量作者親身的經驗，成為探索北朝實況與研究中國農業史不可或缺的第一手資料。

從《齊民要術》看北朝農業發展與農民生活

北方的糧食作物以小麥為主，當時農民種植小麥的方法是：麥田裡每隔兩寸種一行麥子，每行種五十二株，每畝種九萬三千五百五十株。這表示北朝農民種麥，並非將麥種在田裡隨意灑播，而是一粒一粒、一行一行，有規則地埋進土裡，而且麥種上的土要厚約兩寸，這是甚為精細的耕作方式，代表農業技術的進步與單位土地產量的提高。北朝一寸約當現代二・九六公分，故每行麥子相隔約五・九二公分，如此才可以使每株小麥平均得到陽光與雨水。如此一來，在每畝麥田間，農民必須埋下九萬三千五百五十粒麥種。北魏均田制下男丁授田四十畝，成年婦女授田二十畝，則北魏一對農民夫妻耕種六十畝田地，若全部種小麥，就要埋進93,550×60＝5,613,000粒麥種！其工作量的龐大與彎腰、挖土、放麥種、覆土的重複次數之多，正反映出北朝農民的辛勞。這種辛勞的成果，是收成每一斗穀物，可得五萬一千餘粒，賈思勰先生連這個數目都點算清楚，可見他實事求是的研究精神。

如果種大豆，則每行相隔一尺二寸，每行九株，一畝共六千四百八十株。大豆體積較大，故收成一斗，可得一萬五千餘粒。

小麥提供澱粉，產生熱能，也有部分蛋白質；大豆提供優良蛋白質與油脂，這就構成北朝農民的基本食物，也是他們營養的主要來源。然而「天有不測風雲」，風調雨順的日子不會年年過，黃河流域的降雨並不穩定，天災頻繁，因此北朝農村都有應付荒年的方法，其中之一是利用桑椹。《齊民要術》記載每年春天桑椹成熟時要儘可能採集，採下後晒乾，儲存起來，就成為荒年時的補充食物。

北朝食譜

《齊民要術》裡蒐集許多北朝的食譜，有些甚至流傳到現代，例如：

烤乳豬

用還沒斷奶的仔豬，選極肥的，宰殺後去除五臟，刮光豬毛，洗乾淨，肚子裡塞滿香茅，豬體用柞木（按，大風子科、柞木屬小喬木，又名蒙古櫟；木質耐火）棍穿過，放在小火上一定距離處，慢慢燒烤。烤時要不停轉動，使各部分受熱均勻，避免一部分烤焦，一部分不熟；還要用清酒刷塗幾次，使豬皮發出色澤，並不斷用新鮮純白豬油塗抹，如果沒有新鮮豬油，用純淨的麻油也可以。烤成後豬體呈現琥珀、黃金一般的顏色，入口即化，肥肉潔白似雪，肉汁潤澤，乃北朝名菜。

羊肉香腸

用羊的盤腸，洗乾淨，羊肉剁細，加細切的蔥白、鹽、鼓汁、薑、胡椒末調和，調到鹹淡適口，用來灌腸。這種羊肉香腸用兩條夾起來烤，切片供食，甚為香美。

北朝的甜點，《齊民要術》也有介紹，例如：

髓餅

是「胡餅」的一種，北朝的胡食甜品之一。製法用牛骨髓的油脂加蜂蜜和麵，做成麵餅，厚約四、五分（約一．二～一．四公分），寬約六、七寸（約十八～二十一公分），放進爐中烤熟，烤時不必翻面。髓餅吃起來味道肥美，還可以經久儲存。

當然這些都是貴族富户才吃得起，一般農民或許年節時可以吃點肉，平常就只有下面這樣的菜餚：

北朝泡菜、醃菜

北朝以蕪菁、白菜、冬葵、白芥等蔬菜製作泡菜、醃菜。

收穫蔬菜時，選擇品質較好的，用草綁成束備用。調配極鹹的鹽水，在鹽水中洗菜，然後放進甕中。如果先用淡水洗，菜就會爛掉。洗過菜的鹽水放置澄清，將上層澄清的部分倒進甕裡，到埋沒菜束為止，不再調味。在泡菜仍是綠色時撈出，以水洗去鹹汁，下鍋煮一下，跟生菜的味道沒有差別。

蕪菁、白芥這兩種菜，泡三天撈出。將黍米（黃米）搗成粉末，熬成粥，取稀薄部分；搗整粒小麥做成的酒麴為粉末，以絹布篩過。將菜一行行放進甕中，相鄰行莖、葉的方向相反，行間放酒麴粉，倒入熱的湯狀薄粥，放滿整個甕，再用原來的鹽汁甕倒進裡面，擺一段時間即成醃菜。這種醃菜是黃顏色，味美。

北朝化妝品

北朝時的化妝品有胭脂、面霜、脣膏、香粉等，對北朝的婦女而言，胭脂是必備的化妝品，在此介紹當時的製法。胭脂的材料有二，一是基質，南北朝時採用研磨成極細粉末的白米粉，一是顏料，從紅色的花中取得。

將藜、藋、蒿等草燒成灰，倒熱水淋，取第三次淋下，澄清的灰汁備用。採大量「紅藍花」（按，就是紅花，菊科，紅花屬植物，學名Carthamus tinctorius）的花瓣，晾乾後加灰汁揉搓，搓十多遍，到花瓣稀爛為止。用布袋裝花汁大力絞，讓紅色汁液流進小瓷盆中。再用酸石榴兩三個，取出籽搗破，加一些小米飯發酵後的酸漿調和，也用布袋絞過取汁，用酸汁調和花汁。若無石榴，用高品質的醋調和稀飯湯亦可。在花汁、酸汁混合物中放入白米粉，不可太多，只要一顆酸棗大小即可，否則顏色會不夠鮮豔。將米粉與汁液混合，用未曾沾過油的乾淨竹筷大力攪動，然後放上蓋子靜置到晚間，倒去上面的清汁，剩下的膏狀物倒進絲質小袋子掛起來，第二天半乾時，捏成小瓣，像半個大麻仁，即約直徑不到一公厘的小球，陰乾後完成。使用時加一點水，在手心揉開，塗在腮部。

農民以外的基層行業

北朝畜牧業遠較南朝發達，民間也非常重視，因此從業人員眾多，為國家重要產業。

北魏的河西走廊是畜牧地區，養有馬兩百多萬匹、駱駝一百萬匹以上，牛、羊無數，其中包含十萬匹軍馬，供首都洛陽的軍警使用，每年還要轉移一部分至山西北部，以使軍馬逐漸熟悉中原地區的氣候水土，提高存活與妥善率。可想而知，北魏以畜牧為業的人一定不少，其分布地從河西走廊到山西、河南，甚為廣闊。《齊民要術》裡也記下這些職業牧人的工作經驗，例如希望雄性種馬彼此不互鬥，平常就必須將牠們分開來養，每匹種馬都要有自己的廄房和飼料槽；對於即將出征的軍馬，草料應捨棄草葉，只用草莖，但要切到很細，配合穀類、豆類來餵食，飼養期間每天都需要跑步鍛鍊，這樣才能使軍馬強壯結實，能耐勞苦。

當時在漢水中、上游的漢中地區，還有一批人專門在漢水中淘取金沙，這樣的淘金人達到一千多家，繳稅就用金沙，可算北魏境內的特殊景觀。

北朝民歌

民歌是一個時代、一個社會中人民生活的反映，也是研究歷史應該探訪的領域。北朝民歌特色鮮明，其原型是北方游牧民族一種馬上演奏的樂曲，包括許多軍樂，歌詞作者多來自北方民族，尤以鮮卑人為主。鮮卑族的民歌，本來以母語詠唱，鮮卑人主中原後，漢人因語言不同，聽而不知其意，於是有一部分被譯成漢語歌詞演唱。孝文帝大力推行華化運動後，以洛陽為中心的帝國南部地區鮮卑語逐漸失傳，當地人改用漢語創作，從此發展出北朝民歌的後期型態，逐漸失去草原游牧民族的特色，已經趨近於漢人民歌了。

北朝民歌純樸寫實，口語化到幾乎不需要白話翻譯，前期民歌尤其如此，內容又常與游牧民族的生活有關，典型的句子如：

健兒須快馬，快馬須健兒，放馬大澤中，草好馬著膘……

鮮卑民族的愛情也十分直白，就像這首民歌中鮮卑姑娘的口吻，恨不得情郎趕快飛來：

郎在十重樓，女在九重閣。郎非黃鷂子，哪得雲中雀？

還有這個更加乾脆：

月明光光星欲墮，欲來不來早語我。

騎馬是他們的日常生活，當然有不少騎在馬上唱的歌，歌詞都毫不做作：

〈幽州馬客吟歌〉

快馬常苦瘦，剿兒常苦貧。黃禾起羸馬，有錢始作人。

熒熒帳中燭，燭滅不久停。盛時不作樂，春花不重生。
南山自言高，只與北山齊。女兒自言好，故入郎君懷。
郎著紫褲褶，女著彩裌裙。男女共燕游，黃花生後園。

「黃禾起羸馬，有錢始作人」這兩句坦白得可愛，用現代的語言說出來，就是「馬無夜草不肥，人無橫財不富」。「女兒自言好，故入郎君懷」這兩句，則展現北國女兒的自信、天真與主動。北朝男女相聚喝酒，往往喝到有幾分酒意後，就大家排成一行，手臂相扣，一邊唱歌一邊出腳踏地打拍子，胡太后要宮女們唱〈楊白花歌〉，就是用這種唱法。這樣的社會，當然會出現這樣的民歌：

〈李波小妹歌〉

李波小妹字雍容，褰裙逐馬如卷蓬。
左射右射必疊雙。
婦女尚如此，男子安可逢？

當年李波小妹拉起裙子，跳上馬背，風馳電掣而去，左手拉弓射出一箭，右手拉弓又射出一箭，箭箭命中，那種英姿颯爽的風貌，構成北朝民歌最具代表性的內容。

北朝流行的民歌曲調，有一首稱為「折楊柳枝」，常被配出各種歌詞，前四句都幾乎完全相同，以後則自由發揮，首首不同，如：

上馬不捉鞭，反拗楊柳枝；下馬吹長笛，愁殺行客兒。
門前一株棗，歲歲不知老；阿婆不嫁女，哪得孫兒抱。
敕敕何力力，女子臨窗織；不聞機杼聲，只聞女嘆息。
問女何所思，問女何所憶；阿婆許嫁女，今年無消息。

請注意這首歌裡有一段和〈木蘭辭〉的開頭幾乎相同，以後的發展則是〈木蘭辭〉中的木蘭一心想代父從軍，而這首〈折楊柳枝〉中的女主人一心想出嫁。我們探訪至此，或許可以理解為這是北朝女子心中的兩個願望。

北魏遷都洛陽、大力漢化後，北朝民歌改以漢文寫作。像這首描述河西走廊地區繁榮的歌，已經趨近於南朝的作品：

〈涼州樂歌〉

遠遊武威郡，遙望姑臧城。（按，北朝姑臧城在今甘肅武威郊外）

車馬相交錯，歌吹日縱横。

至於那些習於逸樂的北魏後期貴族，則沉迷在以下這類靡靡之音中，其生活與心態，竟和南朝末年的陳後主君臣沒有兩樣了：

〈安定侯曲〉

封疆在上地，鐘鼓自相和。

美人當窗舞，妖姬掩扇歌。

北朝的生活誠然多采多姿，然而太平歲月畢竟有限，北朝建立大約一百年後，諸種因素發展演化的結果，內部發生變動與分化，使北朝最後的四十餘年陷入分裂與戰爭，從政治到文化都發生劇烈變遷，加速向隋唐帝國奔馳前進。且讓我們用下一章一探北朝文化的特性與發展演變的過程，更深入了解北朝。

資料出處

《魏書》食貨志
《洛陽伽藍記》
《水經注》
《齊民要術》
《樂府詩集》

悲平城詩

南齊投奔北魏 王肅

第五章

淨土禪宗石窟寺，水經家訓木蘭辭

粗獷平實的北朝文化

悲平城，驅馬入雲中，陰山常晦雪，荒松無罷風。

鐵骨稜稜看魏碑　幾山佛像鑿崖危
木蘭傳唱黃河北　多少鮮卑血性姿

北朝文化

南北朝時期，南、北方因政治長期分隔，導致文化差異現象甚為明顯。北方的中原大地被草原游牧民族入主，塞外游牧文化的新血源帶來草原的氣息，賦予北朝文化陽剛闊大的特色，充滿粗獷平實的風格。

北朝石碑上的文字方方正正，一筆一畫稜角分明；北朝民歌的歌詞直來直往，愛恨強烈；北朝人不尚坐而談，傾向起而行，凡事以務實為本；北朝學者並沒有把圓周率算到小數點後多少位，卻能把中華大地上的各條河流描述清楚。總體而言，北朝文化不如南朝深刻細膩，但更容易深入遍布社會，被各階層接受，其特色經過普及後，對後代影響深遠。

儒家經學

北朝學術著重儒家經學，經學的傳授，則完全繼承東漢學風，以遵守傳統「經師」的解說為準，不可自行揣度，任意發揮。這種學術與教育制度下必然產生「標準本」，北朝歷代教授儒家經典，《易經》、《尚書》、《詩經》、《三禮》（《周禮》、《儀禮》、《禮記》）、《論語》、《孝經》都採用鄭玄的注解，《左傳》採用服虔的注解，《公羊傳》採用何休的注解。北朝後期，經學還與政治結合。西魏、北周的統治者從宇文泰開始，特別推崇《周禮》，亦步亦趨地仿效《周禮》，建立政府，治理國家，更導致學風的保守。如此保守的學風造成北朝少見名儒，也少有經學撰述，經學談不上有何發展，比不上南朝經學。

雖然如此，儒家經學在北朝是官方唯一的正統學術，很受重視，玄學被排斥在學校之外。北魏進入中原初期，道武帝便在平城設立太學，聘請五經博士講授經學，此後各郡都置博士，中央的太學生到達一千人，地方上各郡也都有四十至一百名學生。遷都洛陽後，私人講學盛行，一所私校學生可以多達幾百甚至一千餘人。修習經學的學生，可以通過中正官被認可資格，取得官職，這也是北朝經學盛行的原因。

北朝宗教

北朝宗教的政治背景

欲了解北朝宗教，必須先認識北朝宗教特殊的政治背景。

南北朝時道教與佛教競爭激烈，佛、道雙方傳教都重視高層路線，爭取皇帝、高官與世族領袖的信奉與支持，希望透過他們在政治、社會與文化上的勢力，順利傳播宗教。在北朝這個胡漢雜居的地方，雙方的競爭更多了一項民族差異的因素，成為北朝宗教文化的特色。

大抵漢人世家大族以儒學傳家，宗教信仰則傾向道教，原因在於民族主義使漢人認為佛教是胡人所創、胡僧所傳的胡人宗教，道教則是漢人自創的本土宗教，崇奉的神仙得道成仙前也都原是漢人，「漢人信漢教」的觀念下，道教是自然的選擇。相對於此，鮮卑及其他胡人多崇奉佛教，自然也有「胡人信胡教」觀念的影子。

南北朝時代道教與佛教時常相互爭辯攻擊，儒家則通常攻擊佛教，傾向與道教聯合。北朝胡漢雜居，儒、道攻擊佛的重要理由是所謂華夷之辨，宗教鬥爭又蒙上種族與政治意義，因此比南朝激烈。

北魏皇帝本身非屬漢族，但既然高高在上，既統治胡人，又統治漢人，對於治下胡、漢的宗教差異，就必須小心因應，對華夷之辨也需要表示態度。四四六年，北魏太武帝滅佛，固然崔浩與寇謙之的勸說是重要原因，但從太武帝的滅佛詔書裡說：「朕承天緒，欲除偽（按，指佛教）定真（按，指儒、道），獲羲農（按，伏犧氏、神農氏）之治。」看來，他要藉此證明自己遵循中國儒家的正統，做中國皇帝。

另一方面，從太武帝起，歷代北魏皇帝即使本身是虔誠的佛教徒，即位時都要舉行道教的儀式，到道教壇場親自接受道教符籙，代表這位鮮卑皇帝也已經被漢人的神仙接受，得到認可與祝福，有資格統治漢人。

北魏分裂後，東魏—北齊由胡化漢人高氏家族掌握大權，他們的武力主要來自「六鎮之變」、「河北民變」的六鎮流民集團，這是反對北魏漢化的胡文化武裝團體，高氏家族領導他們，就必須表現得比胡人還胡人。在這種政治氛圍下，北朝後期北方東半部的道教大受打擊，只因道教被看成是漢人的宗教。高歡之子高澄在五四八年撤銷東魏的道壇，開始打擊道教，間接等於撇清與漢人的關係。五五一年高洋篡東魏建北齊，五五五年就著手消滅境內的道教，強迫道士都要剃髮改當和尚，完全不管他們懂不懂佛教教義、經典、儀軌，夠不夠資格當，成為政治干預宗教的典型事例。佛教因此在北齊大為興盛，造像甚多，有些一直流傳到今日。

北朝後期的另外一邊，西魏—北周境內的宗教狀況則迥然相異。統治者宇文家族實際上是西北地區胡、漢融合後，建立起全新統治集團的代表，面對佛、道二種宗教背後的胡、漢文化取向，不便表態，儒學便成為必然的思想出路，於是北朝後期北方西半部在思想與制度上一切唯《周禮》是尚，影響到政府的宗教政策。既然是以儒家思想與制度治國，就要排斥佛教，但儒家不尚殺戮，於是北周武帝的滅佛，就採取名義上的以辯論定高下方式。

北周武帝為禁滅佛教，曾於五六八年、五六九年、五七〇年三次召集百官、儒生、和尚、道士等全國知識分子代表在御前集會，宣示儒學的特殊地位，討論佛、道兩教教義的高下，雖然允許三方代表辯論，但終於在五七四年宣布禁止佛教。此時佛教僧侶力爭，基於公平考量，北周武帝乃同時查禁佛教、道教，下令和尚、道士一律還俗，成為政治干預宗教的另一種典型事例。

雖然如此，北周武帝禁教的打擊力量主要針對佛教。五七七年北周滅北齊後，更延伸到原北齊境內。在禁教下大批佛像被破壞，經卷被焚燒，三百萬以上佛教出家人還俗，四萬所以上寺廟賜給王公作宅第，寺院財物發給群臣，寺院奴婢全部釋放。然而宗教問題畢竟不能用政治力量解決，五七八年北周武帝死後，佛、道二教很快恢復，都並未受到不可逆的打擊。五八一年楊堅篡北周建隋朝，北朝結束，中國北方胡漢之爭泯滅，宗教與思想上回到儒、道、佛三足鼎立的局面。

北朝道教

道教在北朝有重大改變與發展，這與寇謙之這位道教的改革者有關。

道教本產生於南方，但到北朝初年，北方的道教已經很盛行。北魏開國皇帝道武帝為追求長生而篤信道教，他設立煉丹基地，稱為「仙坊」，聘請道士主持，稱他們為「仙人博士」，煉製長生丹藥。結果可想而知，他服食「仙丹」後中毒，性情暴躁，喜怒無常，被無法忍受的部下殺死。這種傳統尋求外丹的道術當時十分普遍，並無新義，也限制了道教進一步的發展，直到道士寇謙之提倡革新，北朝的道教終於出現轉機。

寇謙之（三六五～四四八年）在華山、嵩山修道，自稱從太上老君受封為天師，是天師張陵（張道陵）的繼承者，道教正統領袖。他又說得到太上老君傳授的《雲中音誦新科之誡》，製作口訣，主張服氣導引，修守齋戒，並不重視燒煉藥物製作的「外丹」，也反對專注男女性技巧的房中術。做為道教改革派領袖，寇謙之在基本的修身養性上提倡內省自修，一改外丹、房中術等外求的方式，確屬不屑諂媚權貴，勇於改革，成為此後道教傾向清虛禁慾一派的開創者，其教派稱為「北天師道」或「新天師道」。

面對社會與政治，寇謙之採用忠孝等儒家思想做為道士的行為準則，修訂戒律、儀式，以改革道教，符合宗教的本色與當時的社會、政治環境。自漢末以來，道教組織如五斗米道等都收取信徒的米糧金錢，而且組織中設有各級教職，世代繼承，其實非常接近政府。寇謙之將這些一概除去，提倡信徒各自在家中立壇，虔誠禮拜，就是上等功德，不必離家投奔道教組織。這種教義完全符合帝國統治者的要求，使皇帝與中央政府都不用擔心道教組織會變成國中之國，勢力坐大後出現割據甚至反叛等問題，所以北魏太武帝經崔浩推薦認識寇謙之後，立即大為崇信。太武帝在首都平城立天師道場，親自蒞臨道場接受符籙，從此成為北魏歷代皇帝的傳統，北派天師道得到北魏政府支持，也在北方傳播順利。總之，胡人統治者的北魏太武帝、漢人世族領袖的崔浩與道教改革派領袖寇謙之三方面的合作，開啟北朝宗教、文化、社會與政治的新頁，是北朝歷史上的大事。

道教本來就是北朝漢人傾心的宗教，又得到北魏太武帝的支持與提倡，勢力膨脹，從此與佛教的對立趨向尖銳化，雙方各自爭取當政者，也各有所獲，遂引起北朝時期兩次滅佛教、一次滅道教的宗教衝突。然而寇謙之做為道教領袖，在對佛教的態度上卻並不激烈，僅在言詞上攻擊，並沒有採取報復主義。四三九年，北魏滅北涼，俘虜北涼的僧兵三千人，北魏太武帝下令屠殺，寇謙之替這些僧人說情，使他們得以免死；反而是北魏太武帝滅佛時，崔浩主張大殺佛教僧侶，為此寇謙之還曾勸諫崔浩。或許是這種風格的影響，此後北朝宗教鬥爭雖然激烈，因此死亡的佛、道出家人卻甚為有限。北齊文宣帝滅道教，只殺掉不肯剃髮的道士四人，北周武帝滅佛教，竟沒有殺死一個僧侶。

北朝佛教

南北朝時中國與西域間陸上、海上的交通都已頗為發達，佛教就從這兩條路線不斷傳入中國。河西走廊（涼州）是當時陸上絲路的必經之途，印度或西域的佛教僧侶前往中國，最先抵達的中國文化區域就是這裡，常常先行停留，學習中國語文，適應環境，因此河西走廊成為北方佛教最發達的地區。河西走廊西部的敦煌最接近西域，佛教也最盛，當地人熟悉佛教經典、儀軌，也擅長製作佛像，著名的莫高窟就在城外，從十六國時期起開鑿，北朝時已具規模。敦煌是北涼國首都，四三九年北魏滅北涼，俘擄佛教僧侶三千人以上，將他們和北涼人三萬户強迫遷移到平城，結果造成北魏首都平城地區的佛教大規模發展。當時被俘的涼州僧侶領袖曇曜向北魏文成帝建議開山為佛窟，鑿石為佛像，崇信佛教的文成帝採納，動員大量人力、物力開鑿，雲岡石窟因此得以出現。或許在雲岡石窟開鑿的過程中，有經驗的原涼州工人還是重要的技術人員呢。

北朝佛教派別不少，在中國佛教史上的地位也甚為重要。後來在中國最興盛的兩個佛教宗派淨土宗與禪宗，都從北朝起開始廣泛傳播，立足於中國。

淨土宗屬於大乘佛教，根源於淨土信仰，專門修習往生安樂土（淨土）的法門，方法是念佛修禪定，因念的佛號不同，分為彌勒淨土、阿彌陀淨土兩派。所謂「念」包括「心念」與「口念」二者，心念就是全心全意想念佛的名號、佛的相（形狀）好、佛的光明、佛的慈悲、佛的神通、佛的功德等等，進入心裡全無雜念的境界，所有相連續想念的全都是佛，據說功夫精進足夠時，會在定中看到諸佛。口念就是口呼佛號，生時不斷唸佛，臨死時也要邀集同道，陪同不停高聲唸唱彌勒佛或阿彌陀佛名號，一直到病人斷氣為止，認為如此死者將往生樂土，在彌勒菩薩（未來的彌勒佛）或阿彌陀佛座下修行，將來憑藉佛的功德與願力超脫輪迴。淨土宗認為造像建塔也是功德，符合北朝富貴人家的意願，於是大量捐獻金錢、土地，造像建塔。可以說北朝出現大量精美佛教藝術品，就是淨土宗盛行北方的證明。

淨土宗的阿彌陀佛信仰在中國開展，北魏時期的僧人曇鸞（四七六～五四二年）貢獻最大。他在山西玄中寺依據菩提流支所譯的《觀無量壽經》，致力弘揚阿彌陀淨土的理念。曇鸞援引龍樹的論點，將佛教的諸多法門概括為「二道二力」：二道為「難行道」與

「易行道」；二力則為難行道採行的「自力」和易行道採行的「他力」。認為修習佛法者，在佛並未出世的年代，難以依自力證果，而應該依靠阿彌陀佛的願力協助，將這種他力和自力結合，才能抵達西方極樂世界，這是解脫的易行道。他因此認為信佛的第一要務就是持念阿彌陀佛，甚至惡人都能藉由持念阿彌陀佛而得以往生。曇鸞確定淨土宗的基本理論與修練法門，從此以後，一心持念阿彌陀佛的淨土宗信仰得以確立，並因修行容易，在中國廣為傳布。一般認為淨土宗始祖為慧遠（東晉時僧侶，三三四～四一六年），其實其事蹟難以考證；若論中國僧人對淨土法門的貢獻，應以曇鸞為第一，日本淨土宗稱他為淨土宗的「初祖」，可見他如何受到尊崇。

禪宗是北朝佛教的另一大宗派。一般認為中國禪宗的初祖是菩提達摩，他從南天竺經海路到廣東，輾轉至南梁首都建康，與梁武帝相談不投機，乃渡江到北朝，在嵩山少林寺面壁修行，開創禪宗一派，依時間推算，應在北魏宣武帝時（四九九～五一五年）。然而據《續高僧傳》所述，佛陀禪師（又稱拔陀、覺者）才應是最早將禪宗法門傳到中國的印度僧人。佛陀禪師修習印度佛教之禪觀，曾歷遊西域諸國，後至北魏首都平城附近，受到孝文帝（四七一～四九九年）的崇仰。孝文帝在平城為佛陀禪師設置禪林，遷都洛陽後，於少室山創建禪院，建翻經堂，請佛陀禪師住持，從事譯經工作，其道場一直傳承，即今少林寺。不論如何，佛教禪宗思想應該是在五世紀末至六世紀初傳入北朝，而且不只一條途徑。

禪宗法門主張修心，以明心見性、一切皆空為宗旨，要破除名相，忘言絕慮，跳脫空有，所以不重講經，重視禪定。菩提達摩以面壁方式修行，稱為壁觀，意思是斷絕諸般因緣，心如牆壁，可以入道。達摩又主張忘言，只口頭說法，不立文字，不出著述，這種做法傳承下來，使禪宗法門能夠心無執著，滌蕩一切執見，思想上解脫各種拘束。在北朝這個戰火頻仍，儒學與北天師道又都嚴格遵守禮教的時代，禪宗佛教提供人們心靈上拋棄羈絆，進行深度探索的空間，還不需鑽研佛學經典，故能受到重視與歡迎，廣泛傳布。

北朝文學

比起南朝，北朝的文學可謂黯然失色。北朝始終未曾完成獨樹一幟的文學風格，文人提筆寫文章都在模仿南朝寫四六駢文，卻因程度所限，在辭藻華麗、對偶工整等方面無法企及，又因模仿的對象不同，到北齊時竟分為仿任（昉）派與仿沈（約）派。北朝每逢文人相輕，常分門別派，互相譏諷對方模仿剽竊南朝的名作，《北史·魏收傳》就曾記載北齊兩位著名作家邢劭和魏收互相譏諷的話。邢劭首先批評魏收說：

江南任昉，文體本疏，魏收非直模擬，亦大偷竊。

（江南的任昉，文章本來疏漏，魏收非但模擬，還大大剽竊。）

魏收聽到就反脣相譏說：

伊常於沈約集中作賊，何意道我偷任。

（他常在沈約的文集裡做賊，沒想到反而說我偷任昉的。）

北朝文學在寫作技巧上主要是模仿南朝，內容則與南朝文學不盡相同。北方歷經戰亂，被胡人建立的王朝統治，社會上各民族雜居，互相影響，使生活、心態與文化都不同於南方。以詩歌而言，北朝民歌歌詞質樸，感情直接，已如前述，尤其是前期以鮮卑語唱出的，再翻譯為漢文，其歌詞還談不上文學性。北魏孝文帝南遷漢化以後，知識分子用漢文吟詩作詞，又受到南朝文學的影響，終於產生〈木蘭辭〉這樣的作品，成為探訪北朝文學的必聆天籟：

唧唧復唧唧，木蘭當戶織。不聞機杼聲，惟聞女嘆息。問女何所思，問女何所憶。女亦無所思，女亦無所憶。昨夜見軍帖，可汗大點兵，軍書十二卷，卷卷有爺名。阿爺無大兒，木蘭無長兄，願為市鞍馬，從此替爺征。

東市買駿馬，西市買鞍韉，南市買轡頭，北市買長鞭。旦辭爺娘去，暮宿黃河邊，不聞爺娘喚女聲，但聞黃河流水鳴濺濺。旦辭黃河去，暮至黑山頭，不聞爺娘喚女聲，但聞燕山胡騎鳴啾啾。

萬里赴戎機，關山度若飛。朔氣傳金柝，寒光照鐵衣。將軍百戰死，壯士十年歸。

歸來見天子，天子坐明堂。策勳十二轉，賞賜百千強。可汗問所欲，木蘭不用尚書郎，願馳明駝千里足，送兒還故鄉。

爺娘聞女來，出郭相扶將；阿姊聞妹來，當戶理紅妝；小弟聞姊來，磨刀霍霍向豬羊。開我東閣門，坐我西閣床，脫我戰時袍，著我舊時裳。當窗理雲鬢，對鏡貼花黃。出門看火伴，火伴皆驚忙：同行十二年，不知木蘭是女郎。

雄兔腳撲朔，雌兔眼迷離；雙兔傍地走，安能辨我是雄雌？

這首長歌的背景是北朝的風土與生活，吟詠的是北朝女子的心願，其中卻出現不少對偶的句子，例如「黃河流水濺濺」對「燕山胡騎啾啾」；「朔氣傳金柝」對「寒光照鐵衣」；「將軍百戰死」對「壯士十年歸」；「策勳十二轉」對「賞賜百千強」等，大部分還顧及平仄，可見其漢文韻文的寫作，遣詞煉字，已甚有功力，寫情寫景，也見精彩。結尾的一段以兔喻人，更深得《詩經》「比興」的宗旨，顯示不論作者是誰，必然受到中國傳統文化極深的影響，方能在北朝有此成就。

北朝後期，因為政局與戰爭的推移，有些南方知識分子被迫長期留在北方的西魏—北周。時間既久，他們帶來的南方文化漸漸散發出影響，成為北朝後期北方西半部文化增進的種子。南梁文學家庾信在戰亂中遭西魏扣留，不得已長居北方，曾對自己的命運呼號：「天何為而此醉？」卻因此筆下融合南方文章的華美與北方風格的剛健，為中國文學注入新氣息，開啟唐代的詩風。庾信〈哀江南賦〉中有這樣的句子：

> 天地之大德曰生，聖人之大寶曰位。用無賴之子弟，舉江東而全棄。

顯然與綺靡的南朝文風已有巨大差異，甚至可以隱約感覺到有點「詩史」杜甫的先行跫音，難怪杜甫要在〈詠懷古跡‧第一〉中說：「庾信平生最蕭瑟，暮年詩賦動江關。」

北朝書法與魏碑

北朝的書法與南朝不同。南北朝帶來文化的分裂，書法也分為南北兩派，各有獨特風格。北朝書法傳承漢代隸書，筆畫清楚，字體方正，給人嚴肅古拙的感覺；南朝書法繼承東晉，筆畫流動，字體曼妙，給人瀟灑妍麗的感覺。

現存的北朝書法大都保存於碑刻中，稱為「北碑」，因以北魏時期的為代表，通稱「魏碑」，其書法的體裁稱為「魏碑體」。這些碑刻有石碑、墓誌銘、摩崖和造像題記四種形式，其上文字的書寫者大多是民間人士，此因晉室南渡時許多世家大族也舉族南遷，留在北方的知識分子多屬社會基層，只能遵循漢代書法遺規，自行摸索，到北朝時遂形成此種書體。北朝書法筆畫稜角分明，線條粗獷，刻上石碑時也是大刀闊斧，不加修飾，正反映出北朝質樸剽悍的文化特色。魏碑向前直接繼承漢代隸書，向後開啟唐代楷書的道路，是一種承前啟後、繼往開來的過渡性質書法體系，因此兼有隸書與楷書的神韻。

魏碑體在北朝以後長期不受重視，一直到清朝中葉嘉慶、道光年間（一七九六～一八五〇年），才被書法家和書法理論家重新肯定與推崇。從阮元、包世臣到康有為，都給予魏碑書法高超的評價，這些學者們更將龍門石窟中的二十塊魏碑定為「龍門二十品」，認為是魏碑書法的精華。茲舉以下二例，從這兩篇短短的銘文，我們可以體會魏碑的特色，還可以看出北朝民間的風俗習慣和當時人對於死後的希望。

「龍門二十品」銘文舉例

「步轝郎張元祖妻一弗為亡夫造像記」（刻於北魏孝文帝太和二十年，四九六年）銘文：

太和廿年，步輦郎張元祖不幸喪亡，妻一弗為造像一區，願令亡夫直生佛國。

「新城縣功曹孫秋生、劉起祖二百人等造像記」（刻於北魏宣武帝景明三年，五〇二年）銘文：

大代太和七年，新城縣功曹孫秋生、劉起祖二百人等敬造石像一區，願國祚永隆，三寶彌顯。有願弟子榮茂春葩，庭槐獨秀，蘭條鼓馥於昌年，緊暉誕照於聖歲。現世眷屬萬福雲歸，洙輪疊駕。元世父母及弟子等來身神騰九空，跡登十地，五道群生，咸同此願。孟廣達文，蕭顯慶書。

石窟寺藝術

北朝佛教盛行，連帶使佛教藝術發達。當時出家人修行與信徒禮佛還願，多選擇在山邊岩壁開鑿石窟，建為佛寺，稱為石窟寺。石窟寺有大有小，大抵石窟內空間越大的，能夠容納的佛像也越大、越多，必須饒有財力，才能開鑿完成，當然最雄偉的石窟，就是皇帝發動全國力量開鑿的。石窟大到一定程度後，為增加內部支撐力，也為增加裝置佛像的空間，常在內部空間中心留下一根石柱，稱為中心柱。石窟裡的佛像通常鑿石而成，在石質鬆散脆弱的地方，則改為泥塑，窟壁上還會以彩色繪畫做為裝飾，構成獨特的北朝石窟寺藝術。

北朝石窟往往成群出現，現在依照開鑿時間的先後，探訪幾處北朝石窟寺藝術的瑰寶。

敦煌莫高窟（千佛洞）

佛教從印度經過西域傳入中國，位於河西走廊西端的敦煌是必經之路，中國石窟寺的概念因此最早在此出現。印度佛教早有開鑿石窟之舉，印度西部的阿旃陀石窟從西元前二世紀開始開鑿，西域的龜茲國篤信佛教，擁有大量石窟，其中最大的克孜爾石窟開鑿於西元三世紀。

敦煌附近有石窟群數處，以莫高窟為最重要，其中最早的一座，據記載開鑿於四世紀十六國時期的三六六年（前秦苻堅建元二年），為僧人樂傳所開，由此可見石窟寺隨著佛教傳播，從印度到西域再到中國一脈相承的發展。

莫高窟位於敦煌城東南鳴沙山東端的斷崖上，區內存在壁畫和塑像的洞窟達四百九十二座，總計有泥質彩塑兩千四百一十五尊，壁畫面積四．五萬平方米。這些洞窟中，北朝或更早建立的有三十六座，最早的可能建於北涼時期（四〇一～四三九年）。莫高窟全為私人開鑿，並無皇帝以政府的力量推動，故能充分反映歷代中國民間佛教藝術的風貌，其價值與雲岡、龍門石窟又不盡相同。

現存北朝石窟三十六座，以數量言並不算多，然而在中國佛教史上具有重要意義。十六國時期與北朝是中國石窟寺歷史的初期，這時開鑿的石窟還常保有原來的西域風貌，而且時間越早越濃厚，歷史價值甚高。例如此時期石窟的壁畫，起初是以土紅色為底色，配上青、綠、白、赭等色的圖畫，色彩斑爛絢麗，屬於西域風；經過一段時間後，到北朝後期，底色則改為白色，畫面看來素雅不少，已經是中國風格了。現在介紹兩座最具代表性的北朝石窟，將來若能實地探訪，是了解北朝文化不容錯過的機會。

莫高窟第二百八十五窟是莫高窟中最早有明確紀年的洞窟，開鑿於五三八年，完成於五三九年，在西魏時期。此窟同時具有禮佛與禪修二種功能，南北兩側各開四個僅只能容納一人坐禪的小石室，屬於「禪窟」。從窟頂到牆壁滿布壁畫，內容主要是佛教故事與各種神佛，包括佛教的諸天與中國的伏羲、女媧、雷公、雨師等。印度的諸天與中國的神明在此共守一窟，這正是佛教進入中國，逐漸中國化的早期象徵。

莫高窟第四二八窟是莫高窟最大的中心塔柱窟，開鑿建立於北周（五五七～五八一年）時，洞窟主室平面呈方形，中軸線後方留有中心塔柱，塔柱四面各開一佛龕。此窟壁畫中佛教故事甚多，如「捨身飼虎」等，常以連環畫的方式表現，各情節間以山巒、樹木、房屋等間隔，其中人物形象、衣冠服飾均為中原形式，是佛教中國化的又一項證明。

窟中另繪有約一千兩百身供養人的畫像，是敦煌石窟中供養人最多的洞窟，為首的供養人還身著王公服飾，我們由此可以推論此窟是由北周時敦煌地區各界人士通力合作完成，也不妨想像一下當時在當地最高長官的提倡下，眾信徒一呼千諾，出錢出力建窟的情景。

雲岡石窟

雲岡石窟位於今山西大同市西北的武州山北崖上，共有四十餘個主洞，佛像繁多，可能到達十萬個，是中國最大的石窟群之一。雲岡石窟群開鑿甚早，最宏大精美的部分是北魏建都平城時代的作品，以政府力量開鑿；遷都洛陽以後仍未停止，但已成為民間開鑿，屬於小型石窟。總計現存四十五窟，大小窟龕兩百五十二處，石刻佛像五萬一千尊以上，最大者高十七公尺，最小者僅有幾釐米。

四六〇年北魏文成帝命令涼州來的沙門統曇曜統籌開鑿五個大石窟，即現存石窟的第十六～二十窟，後人稱為「曇曜五窟」。此後陸續增開，佛像也變得更大，最大的佛就在孝文帝時開鑿的五窟中。

最早的曇曜五窟係參照外來的形式開鑿，有共同的規格，其中佛像大都是厚唇、高鼻、大耳、長目、豐頤、寬肩的形貌。世傳五尊大佛係模仿北魏前期五位皇帝的相貌雕鑿，即文成帝（第十六窟）、追封的景穆帝（第十七窟）、太武帝（第十八窟）、明元帝（第十九窟）、道武帝（第二十窟）；其中第十八窟主佛像身披千佛袈裟，世傳是太武帝因滅佛而懺悔。以北朝佛教流行的程度而言，統治者將自身相貌比附為釋迦，以設教治國，這種說法不無可能。

雲岡石窟內自大佛以下，還有各種其他石像，依其重要性決定大小，再配以為大佛服役的飛天和侏儒，構成完整宗教體系。飛天容貌美麗，衣著飄逸，手執樂器，翱翔天空，獻歌獻舞；侏儒身材矮小，軀幹健壯，雕刻在龕基、座礎、梁下、柱頂等處，形狀為正在用力舉起重物，都神情歡喜，表示在大佛身邊的喜樂。有人將此體系做政治性的比附，認為大佛代表皇帝，侍者代表群臣，侏儒與飛天則代表男女百姓，是否同意，就請參訪的朋友自行判斷吧。

北魏南遷後雲岡石窟仍有開鑿，即今西區的第二十一至四十五窟，以及一些未編號的小窟小龕。其中造像變得較為清瘦，神態文雅，衣服褶紋重疊，漢文化風格濃厚，十分接近龍門石窟的雕刻，正代表北魏漢化後文化的改變情形。

龍門石窟

四九四年，魏孝文帝遷都洛陽，北魏繼續在首都郊外開鑿石窟的傳統，於是有洛陽龍門石窟的出現。洛陽南邊有伊水流入，接近洛陽的一段是兩邊壁立的谷地，稱為伊闕，西岸是龍門山，東岸是香山，都由堅硬的石灰岩構成懸崖，形勢險要，戰國時曾是秦、韓、魏三國的古戰場。四九五年，北魏宗室比丘慧成開始在龍門山開鑿石窟，稱為古陽洞，為龍門石窟的開端。到宣武帝與孝明帝（四九九～五二三年）期間，皇室貴族篤信佛教，競相建寺造塔，也不惜花費鉅資，連續在龍門開鑿許多石窟。此後直到東魏末年，龍門石窟陸續開鑿，歷經北朝五十餘年營造，龍門石窟群刻滿佛像，再經過隋唐盛世，總計有窟龕兩千一百多個，佛像九萬七千餘尊，最大的高達十七．一四公尺，最小的僅兩釐米，另有碑刻題記三千六百餘品，遂與莫高窟、雲岡窟並列，成為中國三大石窟之一。

龍門石窟中北朝時期最大的稱為賓陽洞。「賓陽」意為迎接初升的太陽，賓陽洞為北魏宣武帝為他父親孝文帝做功德而建，由太監劉騰主持，原計畫開南北一線三座洞窟，但僅完成中間的一座，就已經歷時二十四年，動用人工達八十萬餘，可見規模之大、投注資源之多。北魏時期人體審美觀念崇尚瘦長，賓陽洞中主佛釋迦牟尼面頰清瘦，頸項細長，體態修長，其服飾一改雲岡石窟佛像偏袒右肩的印度式袈裟，成為寬袍大袖的袈裟，同樣是佛教中國化的表徵。

古陽洞因開鑿最早，成為北魏皇室貴族發願造像最集中的地方，留下碑記甚多。清代學者選擇古陽洞中的碑記十九品，加上慈香窯中的一品，取名「龍門二十品」，認為是魏碑書法的精華，已如前述。

麥積山石窟

麥積山石窟位於甘肅天水，這座山因外型像一座麥草垛而得名，石窟開鑿於山體西南、南、東南三側的峭壁上，洞窟之間有棧道相連，現存各代石窟一百九十八個，雕像、塑像共一萬兩千一百八十二身，包括泥塑七千八百六十六身、石雕三千九百九十五身、石胎泥塑三百一十二身、木雕九身，另有壁畫一千零六十五平方米，石碑十八座，題記兩百二十二處。麥積山石質不適合雕刻，故佛像以泥塑為多，其和泥技法高超，泥塑堅硬如石，經過千餘年都未潰毀。

此群石窟最遠可追溯至可能在十六國後秦時期，北朝期間石窟大量增加，現有七〇%

以上的石窟為北朝時期所建。最大的塑像高十五公尺以上，最小的塑像僅有二十多公分，可稱中國佛教塑像大展覽館，有「東方佛教雕塑陳列館」之譽。

北朝石窟還有不少較小的，散布在河南、山東、山西等地，甚至不排除還有埋沒迄今的北朝石窟，有待探訪北朝歷史的人發現。

北朝歷史文獻

北朝人的著作崇尚務實，因此留下不少具有歷史價值的文獻。前此已經介紹過《洛陽伽藍記》與《齊民要術》，就文化的內容與特徵而言，《水經注》與《顏氏家訓》更是北朝代表性的作品，因其資料完備，特色鮮明而流傳千古。

《水經注》

《水經》是中國第一部記述河流水系的專書。著者和成書年代歷來說法不一，爭議頗多，有郭璞（二七六～三二四年，晉代學者、方術家）撰、郭璞注與桑欽（東漢後期人，生卒年不詳）撰三種說法，一般認為桑欽是著作人。《水經》簡要記述中國一百三十七條主要河流的水道、水系情況，原文僅一萬多字，內容簡略，且缺乏系統，對各河川流域的地理狀況記載仍不夠完備。

《水經注》是北魏酈道元（四六六或四七二～五二七年）為《水經》所做的注解。酈道元字善長，范陽郡涿縣（今河北涿州）人，從政是清官，不畏權勢，因此得罪權貴，被汝南王元悅用「借刀殺人」之計陷害，死於反叛的雍州刺史蕭寶夤之手。酈道元曾行遍北方各地，以親身見聞擴充《水經》的內容，加入各河川流域的歷史遺迹、人物掌故、民謠軼事、神話傳說等，撰成《水經注》。這部書記載河流水道一千兩百五十二條，依地理方位分為四十卷，總計三十萬餘字，全文超過《水經》本文二十餘倍。書中隨著河流所經，還記下各種自然地理與人文地理景觀，前者計有五百多處湖泊和沼澤、兩百多處泉水和井水等地下水、三十餘處伏流、六十多處瀑布、四十六處岩溶洞穴、三十一處溫泉；後者計有各種橋梁九十座、津渡九十餘處、古塔三十多處、宮殿一百二十餘處、陵墓兩百六十餘處、寺院二十六處以及碑刻等。

書中對地理現象的觀察仔細，記述客觀，包括河谷的寬度、河床的深度、水量和水位的季節變化、含沙量、冰期等，如敘述洞庭湖是「湖水廣圓五百里，日月若出沒於其中」，黃河孟津河段（在今河南孟津）的冰層厚度則是「寒則冰厚數丈，冰始合，車馬不敢過」等。又詳細記載各河川流域的地質、礦物和動植物。出現在書中的岩石有十九種，金屬礦物有金、銀、銅、鐵、錫、汞等，非金屬礦物有雄黃、硫黃、鹽、石墨、雲母、石英、玉、石材等二十餘種。《水經注》還記載了古生物化石，甚至包括渭水上游成紀縣（今甘肅庄浪）僵人峽的古人類化石。

《水經注》是中國古代最完整有系統的地理著作，而文筆絢爛中帶著清麗，也具有文學價值。書中引用大量文獻，引書多達四百三十七種，這些原書很多都在後世戰亂中散失，所以《水經注》還在不知不覺中保存下不少亡佚古書的原文，別具意義。

酈道元的足跡最南只到過淮河一帶，故記載南方水系都比較簡略。他描寫長江三峽頗為精彩，有學者認為其實是參考袁山松的《宜都記》。對於中國西部地區即今新疆塔里木盆地與青藏高原的河流，《水經注》因採取《尚書．禹貢》、《山海經》、《穆天子傳》等書的說法，大多與事實不符，例如以岷江為長江源頭，就顯然是沒有赴青海實地考察的結果；而繼續抱持「黃河源出崑崙，潛行地下三千里」之說，將黃河源頭設定在比帕米爾高原的蔥嶺更西北的地方，誠然是謬誤，卻也顯示這位北朝地理學家對黃河的嚮往與推崇。

現在就讓我們選讀《水經注》的幾段原文，一探這個被北朝知識分子接受，卻是中國傳統的謬誤地理觀念。

《水經注》選讀（《水經》原文為粗體字，《水經注》本文為標楷體字）

卷一　河水一

崑崙墟在西北，三成為崑崙丘。去嵩高五萬里，地之中也。其高萬一千里。

河水出其東北陬，屈從其東南流，入渤海。

（按，以上部分《水經注》文字省略。《水經》以崑崙開篇，可見這個半神話、半實際的地方在中國文化中的分量。）

卷二　河水二

又南入蔥嶺山，又從蔥嶺出而東。

河水重源有三，非惟二也。一源西出捐毒（按，印度）之國，蔥嶺之上……河源潛發其嶺，分為二水：一水西逕休循國南，在蔥嶺西。……月氏之破，塞王南君罽賓，治循鮮城。土地平和，無所不有。金銀珍寶，異畜奇物，踰於中夏，大國也。山險，有大頭痛小頭痛之山，赤土，身熱之阪，人畜同然。河水又西逕月氏國南，治監氏城，其俗與安息同。……

（按，此處《水經注》認為黃河有三處源頭，最西邊的一處發源後從蔥嶺向西流，應該是將中亞流向西北注入鹹海的阿姆河誤為黃河的上游；惟其記載大月氏的地理資訊則有參考價值。）

其一源出於闐國南山，北流與蔥嶺所出河合，又東注蒲昌海。

河水又東與於闐河合。南源導於闐南山，俗謂之仇摩置。自置北流，逕於闐國西。治西城，土多玉石。……其國殷庶，民篤信，多大乘學，威儀齊整，器缽無聲。又西北流注於河。……又曰且末河東北流，逕且末北，又流而左會南河。會流東逝，通為注濱河。注濱河又東，逕鄯善國北，治伊循城，故樓蘭之地也。其水東注澤。澤在樓蘭國北扜泥城……土地沙鹵少田，仰穀旁國。國出玉，多葭葦、檉柳、胡桐、白草。國在東垂，當白龍堆，乏水草，常主發導，負水擔糧，迎送漢使，故彼俗謂是澤為牢蘭海也。……河水又東注於泑澤，即《（水）經》所謂蒲昌海也。水積鄯善之東北，龍城之西南。龍城故姜賴之虛，胡之大國也。蒲昌海溢，盪覆其國，城基尚存而至大，晨發西門，暮達東門。……

（按，此處認為黃河另一發源為于闐河，誤。以下敘述的其實是塔里木盆地中的塔里木河、孔雀河等內陸河流，因其向東注入羅布泊，更容易被誤認為黃河上游；惟其記載塔里木盆地的古代地理資訊則有參考價值。）

又東入塞，過敦煌、酒泉、張掖郡南，

河自蒲昌，有隱淪之證，並間關入塞之始，自此，《（水）經》當求實致也。河水重源，又發於西塞之外，出於積石之山。……東北歷敦煌、酒泉、張掖南。應劭《地理風俗記》曰：敦煌、酒泉，其水若酒味故也。張掖，言張國臂掖以威羌狄。河逕其南而纏絡遠矣。河水自河曲，又東逕西海郡南，漢平帝時，王莽秉政，欲耀威德，以服遠方，諷羌獻西海之地，置西海郡，而築五縣焉。周海亭燧相望。莽篡政紛亂，郡亦棄廢。河水又東逕允川，而歷大榆、小榆谷北，羌迷唐、鍾存所居也。按段國《沙州記》：吐谷渾於河上作橋，謂之河厲。長百五十步，兩岸累石作基陛，節節相次，大木從橫更鎮壓。兩邊俱平，相去三丈，並大材以板橫次之，施鉤欄甚嚴飾。橋在清水川東也。

（按，此處認為黃河注入羅布泊後潛入地下，到河西走廊以南，今青海東北部積石山附近才又露出地表。造成這種誤解的原因可能是古人觀察到河西走廊並無自西向東流的河川，既然相信塔里木河是黃河上游，則面對羅布泊並無河道流出的事實，只得異想天開地認為「黃河潛行於地底」。黃河主流出積石山後向東北東方向，流至青海東北部，中國古人已很熟悉，而青海省東北部距離河西走廊也不遠，於是附會這裡就是黃河潛行地底後的出口。從此以下，《水經注》對黃河的敘述就與實際相符，是有價值的地理資料了，例如對黃河橋的描述，如在眼前，更可以由此了解北朝時的造橋工法。）

以下這段文章是典型的酈道元筆法，將一段河道邊的歷史故事儘可能說清楚：

卷十　濁漳水

濁漳水出上黨，長子縣西發鳩山。又東過武安縣南。又東出山，過鄴縣西。

……漳水自西門豹祠北，逕趙閱馬臺西。基高五丈，列觀其上。石虎（按，五胡十六國後趙皇帝）每講武於其下，升觀以望之。虎自於臺上放鳴鏑之矢，以為軍騎出入之節矣。漳水又北逕祭陌西。戰國之世，俗巫為河伯取婦，祭於此陌。（按，西門豹故事省略）……又慕容儁投石虎屍處也。……漳水又對趙氏臨漳宮，宮在桑梓苑，多桑木，故苑有其名。三月三日及始蠶之月，虎帥皇后及夫人採桑於此。今地有遺桑，墉無尺雉矣。

酈道元在此面對五胡十六國時的遺跡，發出與《詩經．王風．黍離》相似的感嘆，歷史意味十足，表現出人文的關懷。

《顏氏家訓》

南北朝後期動亂不止，不但南北持續爭鬥，南、北雙方內部也都在分裂對抗。這種亂世使生逢當時的人備感痛苦，卻造就出一部不求虛名，不唱激情的務實名著《顏氏家訓》二十篇。時報文化出版公司當年在出版「中國歷代經典寶庫」叢書中介紹這本書時，用的副標題是「一位父親的叮嚀」，確能提綱挈領，一語道出《顏氏家訓》的風格與精要。這位在一千四百多年前的亂世著書為訓，苦心叮嚀後輩子孫的父親、家長名叫顏之推。

顏之推本是南梁人，博學有見識，卻在西魏攻破江陵的戰爭中被俘入關中。他不願做敵國的臣屬，找尋機會率領妻、子浮黃河東下，奔逃到北齊，在北齊做官。不料不久北齊又被北周滅亡，他為生活，只得再做北周的官，後來再經歷隋篡北周，至隋文帝時才病死。他晚年在〈觀我生賦〉裡說，自己一生三次成為亡國之人：第一次是侯景殺梁簡文帝篡位，第二次是西魏宇文泰破江陵殺梁元帝，第三次是北周武帝滅北齊，其實隋文帝篡北周還可以算做第四次。

命運多舛的顏之推累積在南北二地生活的經驗，深知南北俗尚的特色與弊病，洞悉南北學術的短長，努力要將這些在痛苦中累積的知識與經驗遺留給後代。因此他的《顏氏家訓》立論平實，以儒家思想為根本，也注重工農商賈等技能，不流於南方的浮華，也不陷入北方的粗野，可稱知識分子在亂世中持身的規範、自保的守則與處世的良軌，故能切中人心，歷久彌新。

《顏氏家訓》以漢人知識分子在北朝政權，尤其是北齊之下的生活為背景，由於北齊的文化政策是崇胡抑漢，顏之推面臨此種環境，自然產生恪守漢文化的立場，也會發出對北齊時某些漢人見風轉舵的感嘆，千載之下贏得明末民族主義大儒顧炎武的稱讚。然而也有人因此認為，顏之推將家訓寫得道貌岸然，他本人的經歷卻並非一切都符合民族大義，有表裡不一之嫌。

道貌岸然的顏之推確實曾在四個彼此敵對的政權做過官，其中還有兩個是北朝政權，這種情況一方面顯現中國士大夫家族必須藉出仕以取得生活資源，並保持家族地位的實況；另一方面也提示歷史的探訪者，對於中國傳統知識分子而言，藉維繫家風傳承以保持中華文化於不墜，可能比幾朝幾代的政權更迭更為重要。當然，如果有人要說維繫文化只是顏之推以及這類文人的藉口，也無不可；或許，必須在亂世生活下去的顏之推本人，在這點上都不容易說得清楚。

《顏氏家訓》中有許多篇幅記載南、北雙方的社會與文化差異，成為認識南北朝的重要資訊來源之一，茲選錄數段，以見北朝文化的特色與南北文化的不同，又因此書文言文不深，就不再提供逐句的白話文翻譯，請各位自行閱讀體會，相信大家隨本書探訪南北朝至此，必能理解這些內容。

《顏氏家訓》原文選錄

教子篇

齊朝有一士大夫，嘗謂吾曰：「我有一兒，年已十七，頗曉書疏，教其鮮卑語及彈琵琶，稍欲通解，以此伏事公卿，無不寵愛，亦要事也。」吾時俛而不答。異哉，此人之教子也！若由此業，自致卿相，亦不願汝曹為之。

（按，這是《顏氏家訓》中最常被引用的一段，是中國知識分子家族珍惜傳統文化的象徵，同時反映北齊時對漢化的反動，鮮卑文化當道的狀況。）

後娶篇

江左不諱庶孽，喪室之後，多以妾媵終家事；疥癬蚊虻，或未能免，限以大分，故稀鬥鬩之恥。河北鄙於側出，不預人流，是以必須重娶，至於三四，母年有少於子者。後母之弟，與前婦之兄，衣服飲食，爰及婚宦，至於士庶貴賤之隔，俗以為常。身沒之後，辭訟盈公門，謗辱彰道路，子誣母為妾，弟黜兄為傭，播揚先人之辭跡，暴露祖考之長短，以求直己者，往往而有。悲夫！

（按，北朝重視家族傳承，嫡出、庶出之分變得比南朝重要，卻因此引起不少家庭問題。我們可以想見北朝時那種前妻之子說後妻是妾、異母的弟弟誣指哥哥是傭人的狀況，想必北朝官府也必須處理許多這類兄弟反目爭產的案件。）

治家篇

江東婦女，略無交遊，其婚姻之家，或十數年間，未相識者，惟以信命贈遺，致殷勤焉。鄴下風俗，專以婦持門戶，爭訟曲直，造請逢迎，車乘填街衢，綺羅盈府寺，代子求官，為夫訴屈。此乃恆、代之遺風乎？南間貧素，皆事外飾，車乘衣服，必貴整齊；家人妻子，不免飢寒。河北人事，多由內政，綺羅金翠，不可廢闕，羸馬悴奴，僅充而已；倡和之禮，或爾汝之。

河北婦人，織紝組紃之事，黼黻錦繡羅綺之工，大優於江東也。

（按，北朝長久被胡人統治，沾染胡人風俗，婦女積極主動，拋頭露面，勇於任事，女性的社會地位顯然高於南方。出門辦事的女性必須盛裝打扮，所以北朝的女紅優於南朝，這樣一來，有趣的是，北朝的女裝業與首飾業想必也比南朝發達。）

太公曰：「養女太多，一費也。」陳蕃曰：「盜不過五女之門。」女之為累，亦以深矣。然天生蒸民，先人傳體，其如之何？世人多不舉女，賊行骨肉，豈當如此，而望福於天乎？吾有疏親，家饒妓媵，誕育將及，便遣閽豎守之。體有不安，窺窗倚戶，若生女者，輒持將去；母隨號泣，使人不忍聞也。

（按，殺嬰這種社會現象中國歷史上一直存在，又因重男輕女，女嬰比男嬰被殺得更多，北朝也不例外。《顏氏家訓》明確記載這種現象，使我們對北朝社會的了解更加清楚。）

婦人之性，率寵子婿而虐兒婦。寵婿，則兄弟之怨生焉；虐婦，則姊妹之讒行焉。然則女之行留，皆得罪於其家者，母實為之。至有諺云：「落索阿姑餐。」此其相報也。家之常弊，可不誡哉！

婚姻素對，靖侯成規。近世嫁娶，遂有賣女納財，買婦輸絹，比量父祖，計較錙銖，責多還少，市井無異。或猥婿在門，或傲婦擅室，貪榮求利，反招羞恥，可不慎歟！

（按，「落索」意為冷落蕭索，「阿姑」是北朝對丈夫之母的稱呼。做婆婆的吃飯時冷冷清清，正是媳婦受到虐待後的報復。這兩段記載加上前一段，使我們認識北朝社會的陰暗面。）

生民之本，要當稼穡而食，桑麻以衣。蔬果之畜，園場之所產；雞豚之善，塒圈之所生。爰及棟宇器械，樵蘇脂燭，莫非種殖之物也。至能守其業者，閉門而為生之具以足，但家無鹽井耳。今北土風俗，率能躬儉節用，以贍衣食；江南奢侈，多不逮焉。

（按，北朝自北魏推行均田政策以來，走的是小型自耕農自給自足型經濟路線，一個家庭如果能巧妙利用政府的授田，則幾乎生活所需都可以自行生產，不假外求，只有食鹽因產地所限例外。這種經濟現象被從小生長在南朝的顏之推觀察到。南北雙方經濟型態的差距，也是我們探訪南北朝時應該注意之處。）

省事篇

齊之季世，多以財貨託附外家，諠動女謁。拜守宰者，印組光華，車騎輝赫，榮兼九族，取貴一時。而為執政所患，隨而伺察，既以利得，必以利殆，微染風塵，便乖肅正，坑阱殊深，瘡痏未復，縱得免死，莫不破家，然後噬臍，亦復何及。吾自南及北，未嘗一言與時人論身分也，不能通達，亦無尤焉。

（按，這段是典型的亂世處世守則，適用於北朝，也適用於任何地方。北朝後期政治鬥爭頻繁，政治變動劇烈，「起高樓，宴賓客，樓塌了」的過程為時很短，花錢買名，賣身投靠固然可以迅速發達於一時，卻也隨時有「樹倒猢猻散」的危險；屬於被統治者的漢人需要當心，從南方來的「新住民」漢人尤其要有警惕。這是顏之推的肺腑之言，由衷之語，所謂「苟全性命於亂世，不求聞達於諸侯」的處亂世原則，在北朝後期的《顏氏家訓》中得到最好的發揮。）

止足篇

……常以二十口家，奴婢盛多，不可出二十人，良田十頃，堂室纔蔽風雨，車馬僅代杖策，蓄財數萬，以擬吉凶急速，不啻此者，以義散之；不至此者，勿非道求之。

仕宦稱泰，不過處在中品，前望五十人，後顧五十人，足以免恥辱，無傾危也。高此者，便當罷謝，偃仰私庭。吾近為黃門郎，已可收退；當時羈旅，懼罹謗讟，思為此計，僅未暇爾。自喪亂已來，見因託風雲，徼倖富貴，旦執機權，夜填坑谷，朔歡卓、鄭，晦泣顏、原者，非十人五人也。慎之哉！慎之哉！

（按，這是北朝亂世之中維持一個中產階層政府官員家族的典型寫照：中等品級的仕宦之家，約有二十人聚族而居，擁有良田十頃、奴婢二十人，家中有車有馬，還積蓄銅錢數萬枚。男主人做官時只求品級中等，考績平平，以韜光養晦的心態，維繫家門於不墜。「卓、鄭」指西漢時蜀地的富翁卓氏、鄭氏，見《史記．貨殖列傳》；「顏、原」指孔子的學生顏回、原憲，二人皆生活清貧，見《論語》。北朝漢人的此種心態與因此而產生的文化氛圍，是北朝主流胡人文化的直爽質樸、勇武剛健以外，同樣值得作歷史探訪的領域。）

對北朝生活與文化的探訪至此告一段落。下一章，也是本書最後的部分，我們將進入連串的政治鬥爭、文化選擇與戰火橫飛的歷史現場，一探在北朝後期的分裂與動亂中，一股新生力量如何春雲乍展，以浴火鳳凰之姿終結魏晉南北朝四百年的分裂，引領中國走向隋唐盛世。

資料出處

《周書》武帝本紀
《魏書》釋老志
《北史》魏收傳、酈範傳附酈道元、文苑列傳顏之推
《樂府詩集》
《續高僧傳》
敦煌研究院敦煌石窟公共網
雲岡石窟旅遊網
《書道全集6　南北朝II》
《水經注》
《顏氏家訓》

第六章 北朝終篇

合久必分，分久必合，一元復始，萬象更新

大魏聲威不再隆　宇文高氏各西東
和合共濟開周土　狂亂相殘起鄴宮
關隴集團成本位　蘭陵入陣化虛空
武川胡漢相融日　南北烽煙可待終

悲平城詩
王肅
南齊投奔北魏

悲平城，驅馬入雲中，
陰山常晦雪，
荒松無罷風。

我們已經接近探訪北朝的終點，北朝最後的時光，將在此展現。這段四十七年間（五三四～五八一年）的歷史就是北朝從分裂到再統一的過程，期間變動劇烈，高潮迭起，讓人目不暇給。中國歷史上最殘暴、荒淫、狂亂的皇室在此時出現，使北方東部發生南北朝最後一次的種族歧視與文化歧視，可謂從光明走向黑暗，當地的一群統治者將本來大好的形勢輕易斷送，落得身死國亡。

就在同時，中國經過民族雜居與政治分裂將近四百年後，時間終於開始撫平巨大的種族與文化傷口，修補長期的心理與觀念鴻溝。北朝分裂後，北方西部原屬偏遠的地區，此時居然出現一個氣象一新的新政治、軍事團體，他們不再分胡、漢彼此，反而通婚融合，大家和衷共濟，以新風氣、新社會、新制度、新文化為特色與號召，向統一北方、平定天下的方向努力進發。五七七年他們達成統一北方的初步目標，五八一年調整內部，北朝到此結束，五八九年他們終於消滅南朝，完成統一天下的最後目標，一舉結束長達四百年的分裂與紛亂。

這是一段從黑暗走向光明的歷史。我們探訪南北朝至此，也終於可以發現，即使大亂四百年，種族仇殺、身分歧視、文化差異、宗教爭端……是如此的嚴重，愚昧、腐敗與殘暴是如此的普遍，人類社會中原來不同的人畢竟還有互信互諒、精誠合作、團結奮鬥的可能。這樣的一群人在北朝最後的黑暗中乘著曙色，將迎向一片由他們主導，供他們騁馳的燦爛中華大地。

狂亂皇朝北齊

第一節——晉陽已陷休回顧，瘋狂殘暴幾君王

問題的提出

北齊（五五〇～五七七年）是北魏分裂出的皇朝之一，也是最被人詬病的政權。這個政權的皇室以凶狠殘殺、淫蕩無倫、奢侈浪費、童騃荒唐著稱，他們的倒行逆施使大好的形勢輕易逆轉，結果被原本居於劣勢的北周消滅。然而北齊的皇室為何如此狂亂？北齊的內部有哪些難以解決的問題？北齊被北周滅亡又代表何種歷史意義？等等，都有待我們去探訪回答。

北齊篡東魏建國，故論北齊應先述東魏。

東魏（五三四～五五〇年）

南北朝時期北魏分裂後出現的王朝之一，只有孝靜帝元善見一個皇帝，共存在十七年。東魏得到北魏土地的大半，立國在北方東部，領有今黃河下游的河北、河南、山東、山西，以及蘇北、皖北地區。

北魏末年的戰亂中，鮮卑化的漢人軍閥高歡勢力最強，他擁立北魏孝文帝年僅十一歲的曾孫元善見稱帝，是為孝靜帝，建都鄴城，與宇文泰所掌控的西魏對抗。東魏是個不折不扣的傀儡政權，由高歡掌控整個政局，並以高歡大丞相府所在地的晉陽為別都。高歡表面對孝靜帝甚為尊崇，名義上的皇帝與實際上的霸主間頗能相安無事；但高歡於五四七年病死，其權勢由長子高澄繼承，繼續掌控東魏政權。高澄當政期間頗有武功，擊敗南梁，收復河南，拓展國土到淮河流域。他大展國威後就打算逼迫東魏皇帝「禪讓」，不料遇刺身亡。高歡的次子、高澄的同母弟高洋接著控制大權，於五五〇年逼迫東魏孝靜帝元善見禪位，自立為帝，東魏亡。

北齊初年

五五〇年，高洋篡東魏建國，定國號為大齊，仍建都於鄴，以晉陽為別都，史稱北齊或後齊，以別於南齊，因皇室姓高，又稱高齊。這個政權歷經文宣帝高洋、廢帝高殷、孝昭帝高演、武成帝高湛、後主高緯，幼主高恆六帝，五七七年被北周消滅，立國二十八年。北齊繼承東魏控制的地區，與其大致同時並存的王朝有西魏、北周（取代西魏）、梁（包括後梁）、陳（取代梁）。

北齊初年曾於五五二年起連續擊退庫莫奚、契丹、柔然、山胡等北方游牧民族，又曾大破南梁，取得淮南，勢力一直延伸到長江北岸，國力到達鼎盛，可稱形勢大好。

北齊的諸般面貌

北齊據有黃河中、下游的大平原，這是北朝生產力最高、文化最發達的地區，故這個國家比同時存在的陳、北周都富庶，其制度也甚為完備，文化可稱高超，可說是直接繼承孝文帝漢化後的北魏。

北齊繼續推行均田制，農業發達，產業繁榮，製鹽、冶鐵、陶瓷器製造業等手工業都相當興盛。此時陶藝發達，陶器的釉色已達雙色以上，白胎陶器開始發展，繪畫品質也很高，太原的婁叡墓壁畫為其代表作。北齊的陪都晉陽（今山西太原）是當時陸上絲路貿易的起點，市面繁榮，還有西域胡人居住。

北齊的律法在當時各國中最為完善，制度也最為完備，有些制度一直沿用到隋朝和唐朝，例如中國傳統的「官署印制度」就從北齊開始。南北朝以前，中國官署一直以官職印為正印，印隨官動；從北齊起，政府單位的印出現「官署印」，印文就是該機構的名稱，印永遠留在官府機構內。此種變革的政治意義是政府公權力從此屬於機構，而不是機構的長官，可說是由人治走向法治的變革。隋朝肯定這種制度，將官署正印從官職印改成官署印，延續迄今。北齊初創之際，兵制繼承北魏，兵民分離，以鮮卑人為兵。文宣帝高洋（五五〇～五五九年在位）時開始用漢人當兵。到五六四年，北齊政府將兵役與均田制結合，成為對自耕農的普遍徵兵制，也是隋朝府兵制的來源之一。

北齊政府抑制道教，於是佛教盛行，建寺、鑿窟、造像成為流行風氣，中國佛教藝術得以充分發揮，帶來不少中國歷史上最精緻的佛像。北齊的石窟藝術以響堂山石窟為代表，位於今河北省邯鄲市峰峰礦區。響堂山石窟始鑿於東魏晚期，主要洞窟完成於北齊時期。北齊文宣帝高洋欣賞這裡山清水秀，景色優美，遂在此廣設宮苑，鑿窟建寺。此後隋、唐、宋、明各時期均有續鑿，現存石窟十六座，其中十座為北齊所鑿，計有造像四千五百餘尊，並有大量的刻經和部分摩崖造像。

北齊皇室亂象

這樣的一個國家，在中國歷史上第二次三國鼎立中本來占有優勢，結果卻成為最先被消滅的一方，這種不合常理的現象，只有從北齊本身，尤其是領導她的皇室探索，才能找到答案。

從中國文化的觀點看，北齊皇室可謂全無教養。這個高姓家族只有創始人高歡正常，以後幾代人都凶淫荒唐，所作所為簡直是暴君小說情節。這一家族持續瘋瘋癲癲，有人認為是精神病基因遺傳的結果；然而即使他們真有精神病遺傳，其發作狀況也必然與文化背景及生活狀況有關。無論是否有精神病，北齊皇室的亂象，應是漢人選擇胡化，卻導致過度表現的結果，亦即唯恐胡化不足，有意加強，結果出現的反而是胡人文化的陰暗面，恰與北魏孝文帝漢化運動後，學漢人世族唯恐不及的鮮卑貴族成為兩個極端的對比。

當然這個家族並非沒有出過比較符合傳統中國理想的君主，例如廢帝高殷與孝昭帝高演都是；但是家族的風氣與傳統使這樣的人難以立足。歷代皇帝都有測驗太子的嗜好，高洋的做法卻在中國歷史上獨一無二。做為北齊開國皇帝，高洋測驗太子高殷的方法，竟然是當場要高殷拿刀砍人的頭。高殷心懷不忍，幾刀都沒把頭砍下，故高殷雖被立為太子，卻被他的父親高洋和一批親戚看不起，理由是他太仁愛柔弱。由此可見北齊皇室高氏家族的主流與傳承作風，就是「殘暴必須，殘暴有理，殘暴是常態」，這種家庭教育自然教出連續的暴君。在他們的統治下，隨他們高興判刑定罪，北齊的法治完全被破壞。

放蕩的北齊皇室

北齊皇室的放蕩是多方面的，不但人數眾多，而且程度劇烈，身兼昏君、亂君、暴君者比比皆是。

北齊的皇帝幾乎都酗酒，酒醉後失去理智，往往繼之以胡亂殺人，尤以文宣帝高洋與武成帝高湛最甚。他們的奢侈浪費也達到高峰，動輒大興土木，奢華裝飾。

北齊皇室的淫亂史不絕書。中國古代雖可納妾，但奪人之妻必遭非議，而不論輩分，父子通妻、兄弟通妻則屬逆倫行為。這些情況在北齊皇室卻屢見不鮮，甚至父子兄弟俱存而同行姦淫，皇室淫亂成為常態。

從高歡起，高氏家族的男女與家庭觀念全部來自胡人，認為勝利者就應該占有失敗者的女性，子承父妾、弟承兄妻更是理所當然。高歡掌權後，陸續將北魏孝莊帝皇后（爾朱榮女）、建明帝皇后（爾朱兆女）、魏廣平王妃鄭大車、任城王妃馮氏、城陽王妃李氏等北魏宗室之妻妾納入後宮。在這種觀念下，高氏家族代代如此，性關係極為混亂。高歡生前，鄭大車即已私通其子高洋；高歡死後，其妻蠕蠕（柔然）公主被其子高澄所姦，還生下一個小孩，這是遵循胡人文化傳統；高澄的皇后又被高洋所姦；高洋的皇后再被高湛所姦。高湛的皇后胡氏，與大臣和士開姦淫，再通姦沙門曇獻，最後改嫁。高澄十四歲就和高歡妃鄭大車私通，又想強姦功臣高慎的妻子，迫使高慎叛逃至西魏。高洋稱帝後就強姦哥哥高澄的妻子元氏，說：「從前我哥哥姦汙我老婆，現在我要回報。」又納大臣崔修之妻為嬪，娼女薛氏也被他納入宮內為嬪。他在位後期酗酒無度，異想天開起來就在宮中集合高氏宗族婦女，讓他們與近臣衛士集體相姦。高洋之弟高湛則逼姦高洋的皇后李氏和眾嬪妃，還把東魏孝靜帝及幾個功臣的女兒都招入宮中宣淫。

北齊殘殺前代皇室極為激烈而徹底。北魏宗室元韶娶高洋長姊，高洋曾問這位姊夫：「漢朝為何可以中興？」元韶回答因為王莽建立新朝時，沒有將漢朝劉姓宗室殺光，後來才有劉縯、劉秀等起來革命。高洋認為有理，立刻下令誅殺北魏宗室二十五家全部人口，囚禁十九家。此案總計殺死三千餘人，在東市就斬殺七百二十一人，三千多人的屍體全部投入漳水。說話不小心的元韶也被囚禁，後來餓死。

北齊在這樣的皇室統治下，大約有一半的時間皇帝無視制度與法律，全憑個人喜惡或當天的心情下令辦事。北齊的君主甚至可以荒謬到完全忽視基本情勢與事理邏輯的地步，因而嚴重影響到國家大事。最有名的是在對北周的戰爭軍情緊急之際，後主高緯為等候愛妃馮小憐前來觀戰，竟然在北周軍漸漸不支，北齊軍即將獲勝之際下令停戰，荒唐地輕易放棄勝利的機會。

以下讓我們探訪一些歷代北齊皇帝殘暴荒唐的實況，仍請先有心理準備，這又是一連串會使正常人不愉快的畫面。

文宣帝高洋（五二六～五五九年，五五〇～五五九在位，享年三十四歲）

北齊文宣帝高洋在高氏家族中的背景，頗類似西晉開國皇帝武帝司馬炎。他們都是軍事強人家族的第三個領袖，前兩任已經建立家族勢力，掌握國家大權，但並未篡位；他們接任後則不再客氣，都立即篡位自立，建立新王朝。新王朝建立初年，也都有一些武功，接著卻都迅速陷入荒唐的生活，帶給剛建立的國家嚴重危機，果然也都使國家壽命短促，更使當時廣大的人民受苦受難。

高洋是高歡次子，幼時其貌不揚，沉默寡言，曾是兄弟嘲笑玩弄的對象，其實他大智若愚，聰慧過人，胸懷大志。高歡曾經交給諸子每人一堆亂絲，要他們整理清楚，就在眾兄弟「理還亂」時，高洋抽出佩刀把亂絲一斬而斷，說：「亂者須斬。」高歡認為甚獲我心。高歡「文試」後繼之以「武試」，命令諸子各帶一隊兵出去，而暗中派將軍彭樂率領武裝騎兵假做攻擊，以測驗他們的反應。結果長子高澄等都震怖屈服，只有高洋率眾和彭樂格鬥，彭樂脫下頭盔說出真相，高洋還把他抓住送給父親，由此可見他倔強與決絕的個性。

倔強與決絕的個性使高洋在位初年兢兢業業，留心政務。他削減州郡，整頓吏治，訓練軍隊，加強邊防，北齊初年因此甚為強盛，比陳、西魏都富庶。高洋隨即出兵進攻柔然、契丹、高句麗等國，都大獲全勝，北方邊境得以安定。

若是一個正常的北齊皇帝，這時就應該考慮下一步是先吞併西魏，還是趁著侯景之亂拿下南方，決定以後立刻進行一系列的政治、軍事、外交布置，並展開宣傳，尋找契機。然而高洋卻是志得意滿，開始沉湎於酒色與豪華之中。酗酒使他失去理智，經常舉止荒唐，濫殺無辜。高洋的荒唐行為包括：興建高臺時，曾單獨爬上最高處，看到的人都膽戰心驚。時常出巡，在街道裸露身體，寒冬不變等等。有次喝醉酒，說要將母親婁太后嫁給北方蠻族，母親氣到怨嘆自己怎會生出這個禽獸不如的兒子。高洋略為清醒後，想逗母親開心，卻失手將母親摔傷。完全清醒後才發現自己的錯，於是令人痛鞭自己，下決心戒酒，但是堅持一下就鬆懈下來，仍無法戒除。

高洋曾有一名受寵愛的薛嬪，原為歌伎，後來他忽然懷疑薛嬪與清河王高岳私通，於是下令高岳自殺。薛嬪當時懷孕，分娩後，立刻遭到斬殺肢解，高洋還將頭顱放在衣袖裡，回到宮中就大宴賓客，宴會上突然將人頭丟出，眾賓客嚇得四散逃避，他則不慌不忙地取出薛嬪的大腿骨（髀骨）當作琵琶，邊流淚邊吟唱：「佳人難再得！」（按，這句歌詞出自漢武帝時宮廷音樂總監李延年製作、演唱的〈北方有佳人〉歌曲）薛嬪出葬時，高洋卻披頭散髮，在車後步行跟隨，大聲號哭。

對高洋等北齊君主的評價，歷代史家都認為是負面樣板，大張撻伐，柏楊甚至以「禽獸王朝」來形容北齊。近年對北齊高氏家族的研究，則趨向從異常人格發展觀點切入，研討這些昏暴君主異常人格產生的原因。就高洋而言，他出身一個充滿權力、陰謀、戰爭、殺戮的顯赫家族中，接受的是以鐵石心腸、鐵血手段掌握軍政大權的教育，卻飽受既是兄弟手足，又是零和競爭者的嘲諷與輕視，人格極易扭曲。高洋三十四歲時因酗酒放縱損及健康而死，他荒唐殘暴的一生，可說是一個異常人格發展的典型案例。

廢帝高殷（五四五～五六一年；五五九～五六〇年在位，被殺，得年十七歲）

北齊文宣帝高洋嫡長子，母親是皇后李祖娥。年六歲被立為太子，性格敏慧柔懦。高洋死，高殷即位，時年十五歲。他在位時期由叔父高演當政，叔姪二人關心民生，減徭役，命使者巡查四方，探訪民間疾苦，軍事上淘汰老弱，制定軍官六十歲退伍制度，使北齊得以保持軍事力量，也使高洋統治後期的危險局面得到紓緩。

但高演位高權重，開始覬覦皇位。五六〇年，太后李祖娥與高演的矛盾白熱化，高演發動政變，高殷被廢，其祖母婁太皇太后命高演發誓決不傷害高殷性命，但高演還是將高殷祕密殺害，婁太皇太后也變回皇太后。

孝昭帝高演（五三五～五六一年；五六〇～五六一年在位，享年二十七歲）

北齊第三任皇帝，高歡第六子，高洋同母弟。他是高氏家族中的異類，為人有氣度，長於政術，善於理解事情的細節，曾屢次進諫沉湎酒色的高洋。高洋臨終時，表示必要時皇位可以相讓，唯不可傷害高殷。廢帝即位後，他獨攬朝政，不久發動政變稱帝。

高演留心政事，任用賢能，關心民生，輕徭薄賦，對外曾親自出長城北征庫莫奚，將其驅離並大獲牛馬。北齊六帝之中，只有他稱得上是德才兼備的明君，但天不假年，高演在位第二年就因墜馬重傷而死。有鑑於自己所作所為，為保住兒子的性命，高演臨終時宣布廢掉年幼的太子，傳位於弟弟高湛。

武成帝高湛（五三七～五六八年，五六一～五六五年在位，享年三十二歲）

北齊第四任皇帝，高歡第九子，高演之同母弟。北齊傳承到他時，大致都是兄終弟及，此因北齊的君主全部短命，嗣子年幼，在這樣一個惟力是視的家族，權力自然會落到已經成年的叔父手中。

武成帝高湛是真正昏庸無能的皇帝，整天沉湎酒色，不理國事，北齊從此江河日下，逐漸陷入危局。高湛貌美，但性格非常殘暴荒唐。他早年就曾向哥哥高洋進讒言，燒死同父異母的兄弟高浚。高湛好色，包括男色。他最寵愛高孝瑜、和士開，高孝瑜是他的姪子，和士開是胡人，不僅是高湛的男寵，還與高湛的胡皇后私通。高湛繼位後，逼哥哥高洋的皇后李祖娥與之相姦，恐嚇她：「如果妳敢不從，我就殺妳兒子。」李皇后只得依從，還頗受寵愛。不久她懷孕，一次兒子太原王高紹德到她的宮殿，她避不見面，高紹德便怒言：「做兒子的難道不知道嗎？您是肚子大了，所以才不見兒子吧。」李皇后羞愧難當，等到生下一個女兒，在又羞又怒之下，將這個剛生下來的小公主殺死。高湛見女兒被害，怒不可遏，將高紹德捉到宮中，舉刀怒罵李祖娥道：「妳殺我女兒，我為何不殺妳兒子？」高紹德驚慌求饒，高湛又罵高紹德：「想當年我被你父親毒打，你也沒來救過我！」當場將高紹德殺死。李皇后大哭，高湛更加憤怒，將她衣服脫光，鞭打一頓，再將她裝進絹袋丟到渠道，隨水漂流，許久才甦醒，最後用牛車送到妙勝寺出家為尼。北齊滅亡時她還被北周俘虜到長安，隋朝時才得以回歸故鄉。

五六五年，高湛認為做皇帝太麻煩，就傳位於太子高緯，自任太上皇。三年後因酒色過度而死，年僅三十二歲。與高湛同樣做為亡國之前的倒數第二任君主，法國國王路易十五（一七一〇～一七七四年，一七一五～一七七四年在位）曾說過：「我死之後，哪管洪水滔天！」這句話也正是高湛的寫照。

後主高緯（五五六～五七七年，五六五～五七七年在位，被俘投降後被殺，得年二十二歲）

北齊第五任皇帝，武成帝高湛嫡長子，標準的紈綺子弟，喜好醇酒美人、聲色犬馬，過著豪奢浪漫的生活。他最寵愛的妃子馮小憐，也是個只知享樂，不懂天高地厚的少女，這對少年夫妻創造出一段中國歷史上絕無僅有的荒唐事蹟，將另行敘述。高緯即位時，北齊政權已經好景不再，被北周追上；但他毫無所覺，仍然只知荒淫與內鬥，導致北齊政治腐敗，國力迅速走向下坡。他又因少年即位，既無文才，又無武略，故極為猜忌，唯恐臣下坐大謀反，幾年之間連續誅殺名將高長恭（蘭陵王）、斛律光、段韶等，北齊從此失去有能力抵抗北周的將領。北周武帝聽說斛律光被殺，等於北齊自毀長城，竟宣布全國大赦，以示慶祝。

五七七年北周軍大舉進攻，北齊軍大敗，京師鄴城失陷，高緯慌忙傳位給八歲的兒子高恆，是為北齊幼主，然後帶著幼主高恆等十餘人騎馬南奔，準備投降陳朝，但逃到青州（今山東青州）被北周軍俘虜，北齊滅亡。高緯不久被殺死，終年二十二歲。

中國歷史上有四位後主：五代南唐後主李煜、南朝陳後主陳叔寶、北朝北齊後主高緯與三國蜀漢後主劉禪。他們都是中國分裂時期的末代皇帝，最後也都被強大的敵國俘虜；然而李後主文才高妙，所作的詞名垂千古；陳後主也擅寫宮體詩，雖然頹廢，卻也綺靡；三國蜀漢的劉後主，因「樂不思蜀」而出名，至少還有點文化程度；只有高後主文化程度最低，以致幾乎毫無名聲，簡單地被埋沒在歷史中。北齊皇室家教之差，由此可見，這也反映出北齊時文化上的棄漢回歸鮮卑現象，成為探訪北朝末期必須注意的地方。

北齊皇室亂象與北朝末期文化氛圍

魏晉南北朝時代天下大亂，胡漢雜居。漢朝用以維繫政權、社會與文化的儒家思想沒落，禮教與倫理道德鬆動，社會約束力降低。胡族原屬游牧文化，生活習慣與價值觀念與中國不同，所以在胡族控制地區，胡族與漢族社會較低階層的人，難得受到中國傳統禮教的限制與倫理道德的薰陶，行為多較為率性，男性如此，女性亦然。皇族因擁有政治力量，更容易自以為是，行為失控。

北魏前期皇室因面對各地分裂割據，始終在爭戰創業中，子弟尚可。遷都洛陽後，孝文帝推行義無反顧、不留退路的漢化，結果這批新貴很快學會漢族的糟粕，隨即腐化，並與漢人世族結合成為掌權集團，使得漢化的中央統治集團與未漢化的邊疆地區格格不入。邊疆胡人文化區在備受輕視之餘產生心理上的反彈，故六鎮之變以來，隨著胡人集團掌控國土，中國北方出現一種輕視與反對漢文化，以回歸胡人本色為尚的風氣。六鎮之變後，漢化比較淺的六鎮部將再度推廣使用鮮卑語，中國北方掀起由上而下的鮮卑化運動，是以《顏氏家訓》才會記載有的漢人諂媚當道者，要兒子去學習鮮卑語及彈琵琶。

從北魏後期六鎮之變起，北魏中央的漢化集團與邊疆的胡人文化集團發生衝突，戰亂不斷，直接衝擊到北魏中央的世族集團。爾朱榮發動「河陰之變」，殘殺官員二千餘人，多屬世家大族，此時原來北魏屬於漢人文化的高門大族遭到嚴重打擊，等於創造胡人文化復辟的土壤。

北齊創建者高歡祖先雖是漢人，但其家族早已和鮮卑人通婚，其妻與諸多兒媳都是鮮卑人，高歡自己也以鮮卑自居，成為完全鮮卑化的漢人，一旦當權，在文化上自然以胡人文化的保衛者與推廣者自居，唯胡風是尚，其子孫則繼續此種風氣。到北齊孝昭帝時，又殺掉楊愔（出身弘農楊氏）等世族漢臣，從此漢人世家一蹶不起。

北齊到後主時期，朝廷中「大鮮卑主義」、「鮮卑本位主義」盛行，掌握實權的多是昔日六鎮邊區低級軍士出身的鮮卑人或胡化漢人，性格慓悍，作風粗魯，毫無文化修養，只知戰鬥、殺戮與享樂，他們徹底輕視漢人文化與其代表的昔日元魏門閥和漢人世族。北齊皇室做為他們的領導者，遂走上回歸鮮卑本色的道路，其行為一如五胡十六國政權中那些完全率性而為，不理其他的胡人統治者。從北齊皇室一些成員對漢文化不屑一顧看來，北齊皇室的作為實可視為當時胡、漢文化矛盾之一環，也是南北朝末期胡人文化惡劣面的迴光返照。

在中國歷史上，北齊是一個奇特的政權。一方面它的君主與統治高層放蕩胡為，政治鬥爭極為激烈，殺戮不停；另一方面它的制度良好完備，經濟繁榮昌盛，文化發達，佛教藝術造詣很高。從傳統歷史敘述的觀點看，二者似乎格格不入。所以近年史學界對這種現象提出解釋，可稱對北齊的新理解。

若探尋北齊在與北周競爭中失敗的原因，可以發現北齊始終未能將全國力量做有效的整合。手握大權的高層山頭林立，互相猜忌，內部鬥爭不斷，殺戮嚴重，以致力量互相抵消。唯此種持續性的爭鬥與動亂，主要發生在鮮卑文化統治集團的內部，並非來自胡、漢的差異。大量被統治者的漢人在鮮卑的強勢武力下，大致採取顏之推式的對應方式：不與當政者直接抗爭、擔任政府中的事務官、保持家族文化傳承。在這種「上有政策，下有對策」的情況下，北齊缺乏上下一致認同的立國精神與國家目標，無法有效整合全國力量。鮮卑化的上層既然崇尚暴力，保持草原游牧民族的家庭倫理，則必然無法確立穩定的繼承法則與繼承制度，因此中央政治始終不上軌道，內鬥成為常態；多數被統治者的漢人則對此漠不關心，等到中央的力量因內鬥而自我減損後，面對強力的敵人北周，自然無法抵擋。

北齊的對手北周則在融合胡漢、建立中央制度與規則等方面都甚為成功，故能有效整合國內力量，逐步發展，終於獲得勝利。

補充說明

蘭陵王典故

以「蘭陵王」著稱於世的是北齊皇室大將高長恭，名高肅，長恭為其字（?～五七三年）。他是高歡之孫，高澄第四子，母親不詳。有些傳說認為高長恭的母親是一名女尼，遭高澄逼奸生子，所以史官不加記載。

高長恭相貌柔美，但勇敢善戰，為衝鋒陷陣時威嚇敵人，故佩戴猙獰的面具上陣。五六四年十二月，北齊、北周爆發洛陽邙山之戰，北周攻下洛陽附近地區，包圍洛陽城，卻尚未攻下，北齊派段韶、斛律光與高長恭領兵前往救援。高長恭率領五百名騎兵衝破北周軍隊陣地，直抵被圍的金墉城（今河南洛陽東北）下，本身也被包圍。當時北齊守軍不能確定這戴面具的將軍是敵方或是我方，於是高長恭在城下脫下面具，露出俊美面容，北齊軍才派出弩手迎接。

金墉城因高長恭的英勇奮戰解圍，北周軍隊匆忙撤退，北齊轉敗為勝。戰後北齊士兵們歌誦他的英勇，出現〈蘭陵王入陣曲〉，以歌唱與戴面具的男子獨舞讚頌蘭陵王。

此歌舞劇在唐朝甚為流行，後來還傳到日本。

邙山戰役勝利使蘭陵王威名遠播，卻功高震主，尤其他清廉自持，愛護部下，反而更引起北齊後主高緯的猜忌。五七三年，後主派使者送來一杯毒酒，蘭陵王萬念俱灰，毅然喝下毒酒而死，年僅約三十歲，死前還把所有別人欠他錢的借據燒光。高長恭之死，是劣幣驅逐良幣的典型案例，他死後四年，北齊被北周滅亡，高氏子孫幾乎全遭屠戮。

北朝宮廷豪放女

北朝宮廷女性特徵

依現有歷史紀錄看，身為后妃的北朝宮廷女性有二大特徵，一是人生起伏極大，被殺、改嫁、出家十分常見，二是感情與性關係複雜，擁有情夫十分常見，往往還不只一個。這種特徵與她們的丈夫相似，共同構成北朝宮廷特色。比較起來，北魏與北齊的宮廷女性上述二大特徵明顯，北周的宮廷女性則已大致回歸中國傳統。

北魏（三八六～五三四年）及分裂後的東魏（五三四～五五〇年）、西魏（五三五～五五七年）三個朝代中，歷史有紀錄的宮廷女性共二十八人，其中被殺九人、暴死三人（也可能是被殺）、出家為尼三人，改嫁三人，其餘十人即使全部假設為畢生過著正常中國傳統宮廷女性的生活，且自然壽終，也僅占三分之一強。

北齊（五五〇～五七七年），歷史有紀錄的宮廷女性共十八人，其中被殺兩人、改嫁四人，改嫁者中後來自殺一人。

北周（五五七～五八一年），歷史有紀錄的宮廷女性共十二人，其中出家為尼五人、改嫁一人。

北朝宮廷女性在皇帝丈夫外另有情夫者，可謂比比皆是。

面對此種現象，如果僅僅對當時「倫理淪喪，道德低落」的現象大加撻伐，並無助於深入理解。實際上亂世中連續而普遍發生的亂象，背後一定有社會與文化的原因，有待發掘與解釋。換句話說，我們探訪這段歷史，就必須回答「北朝時代為何宮廷中如此混亂？」的問題。

北朝宮廷女性的行為特徵與胡人文化有關。原來草原地區自然條件苛刻，游牧民族的全體人口都必須為生活努力，許多必要工作如擠奶、撿拾牛糞等更幾乎是專屬婦女的工作，婦女既然對物資生產有貢獻，其地位就比農業地區女性為高，發言權較大，也更能自我表現。魏晉南北朝時代大批胡人進入中原，許多成為各國的統治階層，給宮廷中帶來濃厚的胡人風俗習慣。胡人婦女的地位相對較高，身為統治者又使她們自我表現的機會大增，當然容易找尋入幕之賓。這種風俗的影響長久存在，故宮廷之中也常有女性干政或當政之事，當然也使得北朝宮廷女性常常捲入政治鬥爭、陰謀與殺戮中。

若論北朝宮廷女性的當政成績，可謂好、壞雜陳，成、敗並見。她們有的既具備政治理想，又有執行的能力，而且知人善任，政績比男性的皇帝有過之而無不及，對國家貢獻很大；有的則限於能力與操守，也跟男性的昏君一樣昏庸奢侈，把國家帶向分裂與混亂之途。但無論如何，北朝宮廷女性追求自我、表現自我的精神，為唐代前期之外中國歷代後宮女性難以企及者。至於她們的私人生活，則因當時漢化尚淺，即使出身大族，也大多率性而為，不太在乎禮法，擁有地位與權力後，擁有情夫者自然十分常見。今舉數例如下述。

成功的北朝宮廷豪放女

北魏文成文明皇后馮氏（四四二～四九〇年）

前已敘述，茲不贅。

高歡妻婁昭君（北齊追諡明皇后，五〇一～五六二年）

高歡出身寒微，他的髮妻婁昭君卻是六鎮豪族之女，在南北朝時二人本不可能結婚；但婁氏慧眼識英雄，終於打破階級限制成婚。歷史記載婁昭君曾拒絕許多豪門的婚約，卻一見在城上服役的高歡，就認定非他不嫁，居然派婢女私下致意，又暗中拿出私房錢交給高歡當作聘金，她父母最後不得不同意。

婚後婁昭君成為高歡絕佳的內助，對丈夫的事業貢獻良多。高歡創業期間許多密謀會議，婁昭君大多參加。一次高歡將率領東魏軍與西魏交戰，臨出發前婁昭君恰好分娩，還是一男一女的雙胞胎，一度難產，情勢危急，身邊侍從請趕快報告已封王爵的高歡，婁昭君堅決拒絕，說：「大王正統兵外出，怎可輕易離營？我死生有命，他來做什麼？」

東魏與西魏征戰連年，五三七年東魏在沙苑（今陝西大荔南）之戰大敗，被西魏俘虜七萬人，損失慘重。戰後大將侯景屢次自抱奮勇，請求率領兩萬精銳騎兵突襲西魏，吹噓必能將西魏滅掉。講得多了，高歡高興起來，覺得不妨讓他試試，就先回家和妻子商量。

婁昭君一聽，立刻反對，說出一針見血的敏銳分析：「如果真像他所說的，難道他還有回來的道理？得到宇文泰卻失去侯景，還有何利益可言？」以婁昭君的出身和那時書籍流通的狀況，我們可以相信她沒有讀過《三國志》，不會了解司馬昭派鍾會率領大軍滅亡蜀漢，鍾會卻想乘機割據自雄的典故。婁昭君對侯景的懷疑，可說是出自她天縱英明的政治敏感與做為高歡之妻的政治經驗。

在這方面，同樣碰上侯景的梁武帝顯然瞠乎其後，政治形勢研判簡直不及格，比起婁昭君差得太遠。

做為高歡的賢內助，婁昭君節儉持家，親自紡紗織布，不論是否己出，高歡的每個兒子都得到她手製的衣服、褲子。做為宮廷女性，她又毫不忌妒。當時游牧民族柔然（蠕蠕）強盛，西魏已經聯合他們，正準備組織聯軍攻打東魏。高歡聽說就派人出使柔然，為世子高澄求婚，以化解此事；柔然可汗卻說：「高王爺自己娶才可以。」高歡聞報猶豫難決，婁昭君說：「國家大計，希望你不要猶疑。」高歡聽從，果真娶柔然公主郁久閭氏為王妃。

公主到達時，婁昭君讓出正室給公主住，身段可謂柔軟已極。這位當時十五歲的柔然公主也是草原英雌，性格剛毅，在東魏完全不說漢語，高歡都很怕她。或許婁昭君對郁久閭公主早就做過研究，公主寧折不屈的性格與背後柔然的強大勢力，正是婁昭君願意忍辱負重的原因。

婁昭君有三個兒子做皇帝，卻未曾為娘家人討過官職爵位。不論就胡人或漢人的文化而言，她都是理想的妻子與家族的女性領袖。從婁昭君身上，吾人可以看出北朝的女性如何在傳統中開創自己的前途。

失敗的北朝宮廷豪放女

北魏孝文帝幽皇后馮氏、北魏孝明帝太后胡氏

前已敘述，茲不贅。

北齊武成帝皇后胡氏

她是武成帝高湛的皇后，後主高緯的母親，後主時的太后。這位女士在性關係上是真正的豪放，一生私通不斷。

雙性戀的武成帝高湛有個男寵和士開，擅長握槊（按，古代一種遊戲，又名雙陸），常在宮中與胡皇后玩握槊，二人因此姦通。高湛死後，胡氏成為太后，常出宮拜佛，又與僧人曇獻通姦，布施金錢無數，還把丈夫武成帝用的家具搬到曇獻的屋裡。後來變本加厲，竟然

在內宮中招來一百名僧人，託辭講經，日夜跟曇獻混在一起。她兒子後主高緯聽到有關太后的風言風語，起初還不相信，後來去朝見太后，看到太后宮中有兩個美貌的少年女尼，後主高緯有其父母必有其子，也是淫亂成性，把這兩人找來要逼姦，卻發現他們是男人。後主大怒，把曇獻等全部殺掉，從此這對親母子互相猜忌，兒子不敢吃母親送的東西，只怕媽媽痛下殺手，被她毒死。

做為頂層統治階級的女性，胡氏平生只知追求富貴與快樂，為所欲為，卻也沒有干涉朝政。北齊滅亡後，她與後主皇后穆黃花等被俘至北周，死於隋文帝開皇年間。許多網路資料說胡太后與穆皇后在北周不能過清貧生活，遂在長安當娼，大受歡迎，胡太后還有「為后不如為娼」的感嘆。此說法各正史皆不載，是出於近代人蔡東藩所撰之《南北朝演義》七十九回，只能當作野史小說家言姑妄聽之。唯胡太后在北周與隋朝時仍有活躍的性行為，則因史有明文，應為事實。

北齊後主淑妃馮小憐

這位是不知人情世故的北朝宮廷率性女，她因為唐朝大詩人李商隱的這兩首詩而大大有名：

唐　李商隱，〈北齊〉二首

其一

一笑相傾國便亡，何勞荊棘始堪傷。
小憐玉體橫陳夜，已報周師入晉陽。

其二

巧笑知堪敵萬幾，傾城最在著戎衣。
晉陽已陷休回顧，更請君王獵一圍。

詩說得不錯，北齊後主高緯與他的淑妃馮小憐，誇張一點是可以稱為「玩完一個帝國的一對童騃少年男女」。

馮小憐，北齊後主高緯的妃子，有姿色，擅琵琶，工歌舞。她自幼入宮，充當後主穆皇后的侍女，穆皇后後來失寵，其侍女馮小憐取而代之，從此獲得後主專寵，先封淑妃，不久晉封左皇后。「左皇后」這個頭銜出現在北齊宮廷，正是北齊胡化的象徵。中國漢文化的皇帝後宮中只有一位皇后，其他都是嬪妃，北方游牧民族領袖則可能同時有好幾位「閼氏」（皇后）。

馮小憐可說是完全不食人間煙火，更完全不知天高地厚的宮廷率性女，遇上同樣生於深宮之中的後主高緯，二人彼此相愛，卻由於大權在握，他們但憑童騃之心做出的荒唐決定，都被當成聖旨執行，結果可想而知，為北齊帶來極大的災難。以下就是她和北齊後主最極端的一段事蹟：

當時北齊、北周正在激烈的戰爭中，北齊圍攻北周的晉州（今山西臨汾）城，後主高緯帶著馮小憐前往督戰。北齊軍冒死衝鋒，已攻破對方據守的城牆一段，後主大喜，想要在馮小憐面前表現一下，就派人請馮小憐來觀看齊軍破城，同時竟下令暫緩進攻，專等馮小憐來。等到馮小憐梳妝打扮好，姍姍來遲時，北周守軍已經用大木將城牆缺口補好，奉命停攻的北齊軍為之目瞪口呆，士氣渙散，遂無法攻下，晉州這個軍事要地因此再也不屬於北齊。北齊終被北周所滅，與此有關。

北齊滅亡，馮小憐也被北周軍俘虜，送到長安。她先是在高緯懇求下被送還給丈夫，亡國之君高緯卻在不久後被殺，馮小憐並未殉夫自盡或出家為尼，她輾轉兩次被送給勝利方的高官作妾，卻向新主人說他正妻的壞話，果然遭到報復，被迫穿著布裙舂米，她仍然這樣過下去，最後被強迫自殺。對於馮小憐，若說她無恥亦可，若說她生命力強韌亦可，但她成長在北齊宮廷那樣的地方，其人格與人生觀正反映出北齊宮廷文化可能對人造成的影響。馮小憐在長安戰俘生涯中曾因彈琵琶斷絃而吟出一首詩：

雖蒙今日寵，猶憶昔時憐；欲知心斷絕，應看膠上弦。

這可說是她的絕筆，卻也表示她其實很有才華，與高緯的愛情也確實純真，純真到即使助長了北齊的滅亡，仍然讓她念念不忘；至於北齊為何滅亡，當然仍然不在她的考慮範圍之內。

掌控後宮實務的女性：陸令萱

電視劇中的人物「陸貞」，原型應當是北齊時期的女侍中、北齊後主高緯的乳母陸令萱。《北史》中記載她原是高歡部將駱超之妻，因夫謀反而配入掖庭，成為後主高緯的乳母。陸令萱為人機智精明，辦事幹練，說話得體，善於奉迎武成帝高湛及胡皇后，很快在宮中得到信任，確立地位。《北史》說：「令萱奸巧多機辯，取媚百端，宮掖之中，獨擅威福。」幾經轉折，竟成為北齊後宮中掌握大權的總管。五六五年，武成帝高湛禪位給後主高緯，胡皇后升格成胡太后，後宮仍由陸令萱獨大。陸令萱為鞏固自己的地位，將妃子穆黃花認作乾女兒，設計使穆黃花當上皇后；又設法揭發胡太后與人私通的醜聞，小皇帝後主大怒，將媽媽胡太后幽禁。這些北齊宮闈中微妙的鬥爭與變動，背後都有陸令萱這個中年婦女精明狠辣的影子。北齊末年，她以皇帝奶媽、皇后乾媽的雙重身分，官至女侍中，宮中稱為「太姬」，一時真有權傾天下之勢。

五七七年，北周軍攻克鄴都，北齊滅亡。陸令萱在其子降周後，也被迫自殺。從陸令萱的一生，我們可以看出北朝甚至中國歷代後宮運作的方式。

第二節——終於等到胡、漢融合

西魏、北周關隴集團的形成與興起

魏晉南北朝的長期分裂，終究會有一個結局。胡人與漢人長期雜居共處，終究會找到彼此可以長久相處之道。

經過近四百年的分裂、對抗、衝突之後，結束這一切亂象，並開創新局的力量，來自西北地區。北朝後期在西魏、北周的銳意革新之下，關中地區胡、漢融合，出現一股新生力量，具有質樸、尚武、民族平等合作等特色。這股胡、漢融合後展現的新生力量，很快征服黃河流域東部與長江中下游的兩股分屬胡、漢，但都已告衰朽的傳統勢力，統一中國，並將四百年來不同族群共同累積的力量提供給它的繼承者，發揚光大，造成大唐盛世。

所以大唐盛世，實際上是繼承西魏—北周的傳統而來。北朝探訪至此，且讓我們先了解西魏、北周的政治概況。

西魏（五三五～五五七年）

南北朝時期北魏分裂後出現的政權，由鮮卑人宇文泰擁立北魏孝文帝的孫子元寶炬為帝，與高歡所掌控的東魏對立，建都長安。至五五七年被北周取代，經歷兩代三帝，享國二十三年。西魏從始至終都是關中豪門宇文家族的傀儡政權，它存在的時間不長，只有三任皇帝，這三個人卻剛好代表傀儡皇帝的三種心態與表現，值得玩味。

西魏皇帝概況

文帝元寶炬（五〇七～五五一年，五三五～五五一年在位，享年四十五歲）

雖是傀儡皇帝，卻也是西魏的開國君主。元寶炬五三四年跟隨孝武帝元修進入關中投靠宇文泰。不久孝武帝被宇文泰殺死，五三五年宇文泰領導的關隴在地集團和入關集團達成妥協，元寶炬被擁立為帝，號稱繼承北魏，史稱西魏，此政權實際上是宇文泰的傀儡。五五一年三月，元寶炬死，善終。

西魏文帝可謂歷史上的「模範傀儡皇帝」。他非常清楚宇文家族取代魏室的趨勢，故採取無條件合作，以求自保的態度。歷史上傀儡皇帝很多，傀儡皇帝對自己的處境可能出現三種反應：第一種是消極對待，聽天由命，最後難免被權臣篡位，通常隨後不久就被殺死「以絕後患」。第二種是直接反抗，例如曹魏廢帝曹髦、北魏孝武帝元修；這種態度將立刻使政壇的幕前和幕後間爆發生死存亡的零和衝突，迫使操縱者採取激烈行動，結果傀儡必然失敗身死，操縱者也必須付出代價。

元寶炬採取的是第三條道路：積極、全面配合操縱者的政治運作，忠實扮演好傀儡的腳色，不求有功，但求無過。這樣做的目的在於承認現實，保存性命，尤其在傀儡還有些微實力時，更具有鮮明宣示不抵抗的用意，容易達到目的。實權操縱者最喜歡這樣的傀儡，往往不會奪走他們的生命，這樣的結果在某種意義上是雙贏。就西魏而言，元寶炬的政策使北魏孝武帝帶來的入關集團在大致沒有衝突下，融入關中在地集團，宇文家族對西魏政權的掌控也在和平中完全確立，說不定他們內心深處還會有點感謝元寶炬。

廢帝元欽（五二五～五五四年，五五一～五五四年在位，被殺，得年三十歲）

西魏第二任皇帝。文帝元寶炬長子，母為乙弗皇后。

五三五年他十一歲時，父親元寶炬登基為西魏皇帝，元欽也被立為皇太子。不久丞相宇文泰將女兒許配給他，這也是在傀儡皇帝或傀儡皇太子身上必然發生的事。五五一年，文帝死，元欽繼位。五五三年，宇文泰主動辭去丞相之位。同年十一月，尚書元烈密謀誅殺宇文泰，事跡敗露，被宇文泰處死。此後元欽對此事常有怨言，自己也想要誅宇文泰，竟異想天開，祕密結納宇文泰的三個女婿，也是他的連襟們起事。結果三人告密，五五四年初元欽被宇文泰廢掉，改立其弟元廓為帝，不久之後，走直接反抗路線的元欽當然被宇文泰毒死。

恭帝拓跋廓（五三七～五五七年，五五四～五五七年在位，被殺，得年二十一歲）

原名元廓，西魏第三任皇帝。文帝元寶炬第四子。

他因兄長被殺而繼位當傀儡皇帝，復姓拓跋，已不可能有任何作為，聽天由命而已。五五七年被迫禪位於宇文覺，西魏滅亡，次年他也被殺。

北周（五五七～五八一年）之建國與前期

北周繼承西魏，是北朝後期分裂出的政權之一，由宇文氏篡西魏建立，定都長安。北周的奠基者是宇文泰（五〇七～五五六年），字黑獺，代郡武川（今內蒙古武川）鮮卑人，在北魏後期的動亂中據有關中地區，成為一方之霸，與高歡東西對峙。他一手控制西魏，掌權二十二年，任用蘇綽等人進行改革，西魏因此強盛。宇文泰的政治、軍事才能甚強，在北朝後期的東西對抗中，以寡擊眾，以弱敵強，曾三次戰役都大敗東魏，又抓住南方侯景之亂，南梁內鬥的時機出兵，奪得南梁的荊州、四川地盤，俘虜梁元帝，威名遠播，也使西魏的領土大舉擴張，逐漸在南北朝後期的三國鼎立中占有優勢。

五五六年，宇文泰過世，由其子年十五歲的宇文覺繼承，大權落入堂兄宇文護（五一三～五七二年）手中，隨即逼迫西魏禪位。五五七年北周建國，西魏恭帝被殺。

北周初年，政治情勢非常詭異。開國皇帝孝閔帝宇文覺（五四二～五五七年，五五七年在位）身為奠基者宇文泰之子，卻毫無實權，是堂兄宇文護的傀儡。他對這種情況無法忍受，密謀誅殺宇文護，卻被部下告密，自己被宇文護廢掉後殺死。宇文護改立宇文泰庶長子明帝宇文毓（五三四～五六〇年，五五七～五六〇年在位）做第二個傀儡皇帝，結果如出一轍，三年後又把他殺掉，再立宇文泰的另一個兒子武帝宇文邕（五四三～五七八年，五六〇～五七八年在位）做第三個傀儡皇帝。總計宇文護執政期間殺害西魏恭帝、北周孝閔帝、北周明帝三位皇帝，成為中國歷史上有名的弒君者。然而宇文護完全沒有料到，他認為已經嚇破膽，只會乖乖聽話的第三個傀儡皇帝，竟會乘他不備從背後偷襲。

武帝宇文邕（五四三～五七八年，五六〇～五七八年在位，享年三十六歲）

北周第三任皇帝，宇文泰第四子。這是一個深諳「穩、準、狠」三字真訣的政治人物，也是英明的君主。他原是權臣堂兄宇文護的第三任傀儡，前面已經有兩個哥哥被殺，嚴峻的政治環境使他深沉、勇敢而有謀略。從即位起十三年間，他都在韜光養晦，每天寫寫文章、聽聽音樂、下下棋，朝廷大事完全配合宇文護的意旨，以鬆弛宇文護的警覺。直到五七二年，宇文邕把握宇文護朝見太后，身邊無人的機會，暴起發難，親手用沉重的玉版捶擊宇文護後腦，將他打昏後殺死，從此大權在握，成為真正的皇帝。

在位期間生活儉樸，身穿布袍，精簡後宮，關心民間疾苦，整頓吏治，北周因此政治清明，百姓生活安定，國勢強盛。他曾大舉滅佛，兼及道教，搗毀全國佛塔、佛寺，嚴令僧尼、道士還俗，已如前述。這固然導源於佛、道二教的競爭與衝突，但也有藉打擊宗教以增加政府財源及兵源的意義在內。北周在他的統治下日益強盛，五七五年，他率軍大舉進攻北齊，五七七年滅北齊，統一北方。南北朝後期突厥興起，北齊、北周不得不爭相拉攏，負擔甚重，突厥可汗甚至聲稱北齊、北周是他的兩個兒子。北方統一後，北周已無敷衍突厥的必要，五七八年武帝宇文邕決定親自征伐突厥，不料在出發前病死，享年三十六歲。

宣帝宇文贇（五五九～五八〇年，五七八～五七九年在位，享年二十二歲）

北周武帝宇文邕長子，北周第四任皇帝。此人集北朝昏君、暴君、亂君的各種惡行於一身，沉湎酒色，凶暴殘虐，濫施刑罰，又喜好奢華，大肆裝飾宮殿，這可能與父親武帝對他管教過分嚴格有關。在他的成長期間，武帝曾派人監視他的言行舉止，只要犯錯就嚴厲懲罰責打。宇文贇在父親死後毫不哀戚，撫摸著腳上被杖責的疤痕，大聲對武帝的棺材喊道：「死得太晚了！」

五七九年，二十一歲的宣帝皇帝做得厭倦了，就禪位於長子宇文衍，自稱天元皇帝，次年去世，北周至此已注定滅亡。

靜帝宇文衍（五七三～五八一年，五七九～五八一年在位，被殺，得年九歲）

本是父親宣帝的傀儡，父死後變成權臣楊堅的傀儡，五八一年楊堅廢靜帝自立，建立隋朝，北周滅亡，北朝也隨之結束，這個年僅九歲的北朝最後一位皇帝不久被楊堅派人殺死。

問題的提出

北魏分裂後演變成黃河流域東部的東魏、北齊對抗西部的西魏、北周。分裂開始時西魏、北周的領域經濟相對落後，人口少，軍隊少，客觀上居於不利地位。所以西魏、北周的勝利，是歷史上政權相爭中少數以小破大，以弱勝強的案例，值得研究。

然而從上述西魏、北周的皇室與宮廷看，其奪權鬥爭之慘烈、皇帝遭殺戮之眾多，比東魏、北齊有過之而無不及。中國傳統史觀，常以皇帝的所作所為與皇室的運作狀況為標準，評價歷朝歷代，將治世、盛世歸功於皇帝的品德高超、勤勞節儉；而將亂世歸咎於皇帝的懶惰奢侈、猜忌殺戮。在這種觀點下，西魏、北周皇室猜忌殺戮不斷，顯然可以歸入父不慈、子不孝、兄不友、弟不恭之林，其朝廷在權臣長期當政下，也屬於君不君、臣不臣之列。可是西魏、北周皇室的鬥爭並未影響國家，其內部大致安定，並未發生過大規模的民族仇殺、下層社會或祕密宗教反抗起事等問題，國勢還一路向上發展，終於消滅北齊。這就使吾人探訪北朝後期時，不得不追尋其強盛的真正原因，其實這才是當時必須注意的大事。

追尋西魏、北周強盛的真正原因，就必須從「關隴集團」探訪起。

關隴集團

「關」指關中，「隴」指隴山。「關隴集團」是西魏時期在宇文泰規劃下建構成的政治團體，以當時關中及附近西北地區的原北魏六鎮武將與貴族、豪強為成員，不分胡、漢，消除種族隔閡，結合成一個關係緊密的軍事指揮與政治統治集團。參與此集團的大家族分享武力與政權，而以武川鎮的鮮卑及胡化漢人貴族為核心。此名詞最早由二十世紀歷史學大家陳寅恪提出，用以闡釋西魏、北周、隋、唐四代政權的特點及其一脈相承的關聯性，陳寅恪氏觀察到此集團有兩大特徵：

1「融洽胡漢民族之有武力才智者」；

2 此集團中人「入則為相，出則為將，自無文武分途之事。」

西魏、北周在北方分裂開始時固然是弱勢的一方；但其領域內胡人文化的影響較大，許多漢人已經胡化，魏晉以來的世家大族傳統不像東方或南方那樣深，中央政府推行政令時阻力較少。西魏政府在宇文泰領導下面對此種形勢，遂產生新思維，實行新政策，平等對待胡、漢，在此基礎上容納雙方貴族與豪門，建立民族融合的新統治集團。宇文泰當權後推動胡漢融合政策，做法是揚棄北魏孝文帝鮮卑人改漢姓的做法，全面恢復鮮卑舊姓。他首先將西魏皇族元氏恢復為拓跋氏，再授給漢人家族胡姓，如楊忠（隋朝皇室祖先）改為普六茹氏，李虎（唐朝皇室祖先）改為大野氏等。

這些武將家族全部成為胡姓後，以漢人居多的部屬及士卒也跟從主將的胡姓，於是最高統治圈中的漢姓消失，融合成一個向心力極強、文武合一的武裝統治集團，這個在中國歷史上極具特色的統治集團就是「關隴集團」。

宇文泰、蘇綽推行府兵制，使府兵將領與關中土地發生關係。府兵將領都有賜田與鄉兵，於是他們變成既是府兵將領，又是關中地主與豪族。將領與關隴豪族的混而為一，使這個集團得以在關中生根。

此新統治集團在政治號召與文化政策上煞費苦心。他們推陳出新，揚棄兩漢、魏晉乃至南北朝的思想文化，聲稱周朝才是中國真正的道統淵源，故尊崇以周朝為代表的「真正」中國文化，國家典章制度完全仿效《周禮》設立，宇文氏以「周」為國號，正是此種政策的反映。在此基礎上，他們繼續切實執行均田制與府兵制，使國家很快安定富強，族群也融合團結，在南北朝末期以煥然一新之姿，創造出從前在胡漢仇殺、世族專權時無法想像的新氣象。關隴集團成立後，以其力量打破行之四百年世家大族掌控一切的傳統，消除舊有門閥特權。北周就憑藉此種新生力量消滅北齊，統一北方，也從此奠定隋朝統一天下，及其後大唐帝國聲威遠播的基礎。

關中本位政策

這是關隴集團建立後所推行的政策。這也是史學家陳寅恪提出的學說，伴隨關隴集團理論，用以闡釋西魏、北周、隋、唐四代政權及其政策的特點。關隴集團的統治與關中本位政策，起源於西魏，大行於北周，後為隋、唐兩代承襲，直至武則天時代，以進士科取士的方式，為統治集團引進新的山東世族與部分平民，才逐漸打破這個集團的勢力，但也逐漸使唐朝本身與中國文化發生根本的改變。

北魏後期六鎮鮮卑化集團反對孝文帝漢化政策導致北方混亂，各地出現回歸鮮卑本色，反對漢化的潮流，宇文泰和高歡則都是乘此機會興起的人物。然而宇文泰掌控的地盤、資源與人才起初遠遠不及高歡，在劣勢下與高歡對抗，必須有高明的號召。這種號召一方面必須順應當時的大環境也從事鮮卑化，另一方面則要與高氏的鮮卑化不同，要比他們更高明，才足以號召天下，勝過東魏、南梁，於是這又必須採用漢文化。這兩個原則看似矛盾，卻並非沒有解法。宇文泰的辦法是，一方面建立大致歸屬鮮卑文化的關隴集團做為統治核心，一方面派蘇綽、盧辯等漢人大臣以《周禮》比附鮮卑部落舊制，建立國家制度。所以這個政權在文化與形象上內外有別，成為政府高層鮮卑化、國家形象中國化，兩面都容易被接受的狀態。更巧妙的是，其「中國化」又不是採取漢、魏以來的中國文化，而是直指周朝的傳統，於是輕易在孔子以來崇古成風的中國文化圈取得文化的制高點。

基於此種指導思想，西魏—北周開始推行一連串政策，將關中地區建設為國家的根本與重心，以後一直延續到唐朝前期，此種政策稱為「關中本位政策」。在關中本位政策下，西魏—北周有不少特殊的制度，說明如下：

八柱國制

「柱國」為西魏、北周「柱國大將軍」的簡稱。八柱國的設置表面上係傳承鮮卑拓跋部的「八部制度」，實際上是在建構新的貴族統治集團。西魏迄五五〇年，共有八個人獲得柱國大將軍這一稱號：宇文泰（唐太宗李世民外曾祖父）、元欣、李虎（唐高祖李淵祖父）、李弼（隋唐之際人物李密曾祖父）、於謹、獨孤信（隋文帝楊堅岳父，李淵外祖父）、趙貴、侯莫陳崇，他們的家族號稱「八柱國家」。其中宇文泰總領諸軍，為實際最高統治者，元欣為西魏皇族，代表傀儡皇室，不掌兵權；剩下的六人依照《周禮》「天子治六軍」之意，每人統領兩名「大將軍」，即西魏—北周府兵系統中的「十二大將軍」。每個大將軍督導兩個「開府」，每個開府各領一軍，共二十四軍，這就是西魏—北周府兵的建置與指揮系統。

從八柱國、十二大將軍的家族中，新一代門閥貴族產生。西魏、北周、隋、唐的皇室與許多后族都出自這些家族：柱國宇文泰子孫為北周皇族，柱國李虎子孫為唐朝皇族，大將軍楊忠子孫為隋朝皇族，北周皇族、唐皇族與隋皇族也是姻親。北周歷代皇后多在這些家族中產生，隋文帝的皇后與唐高祖李淵之母都是八柱國之一獨孤信的女兒。這些家族後來的盛況，都可以追本溯源至南北朝末期亂世中這些名將的豐功偉績。茲介紹幾個重要的八柱國家族：

八柱國之獨孤信家族：

中國歷史上有三位獨孤皇后，她們是北周明敬皇后（獨孤信長女，嫁宇文泰的長子北周明帝宇文毓），隋文獻皇后（獨孤信第七女，嫁隋文帝楊堅），唐元貞皇后（獨孤信第四女，嫁李虎之子，唐高祖李淵的母親，唐代追諡），她們為同父所生，在歷史上實屬罕見，只有民國的宋氏三姊妹勉強可以與之一比。

獨孤信（五〇四～五五七年），雲中（今山西大同）鮮卑人，本名獨孤如願，少年時風度過人，好勇任俠，後投入六鎮軍首領葛榮帳下。獨孤信在軍中對著裝、修飾都非常重視，征戰時仍然風度翩翩，有「獨孤郎」之稱。葛榮敗亡後，獨孤信跟隨爾朱榮征戰各方，積功升至將軍，甚得北魏孝武帝看重。孝武帝入關時，獨孤信辭別家人，單騎追上魏帝相隨，成為一時美談。獨孤信與宇文泰是同鄉，自小相識，故入關之後也得到宇文泰重用。後來獨孤信攻下東魏的荊州，東魏派大軍反攻，獨孤信不敵，奔入南梁，三年後才回歸西魏，其忠心如一，甚至得到梁武帝稱讚。回到北方後進位柱國大將軍，最後因他人謀反受到牽連，為宇文護所逼自盡。

獨孤信形象鮮明，為官時又能安撫地方，照顧百姓，死後長久被人懷念，又因女兒們皇后的地位，使他的名譽很快恢復。

八柱國之李虎家族：

李虎（？～五五一或五五四年）是隴西成紀（跨今甘肅平涼、天水）人，宇文泰手下大將、柱國大將軍、隴西郡公，於北周篡西魏之前去世，其子李炳也隨後早逝，由時年七歲的李淵襲爵。李淵之母是獨孤信的女兒，故李淵深受其姨母即隋文帝獨孤皇后喜愛，隋煬帝是他的表兄弟，這使李淵一族在隋朝更加顯赫，得以在隋煬帝南巡時，擔當鎮守山西的重任，李氏家族建立唐朝，就是在此打下的基礎。

八柱國之李弼家族：

李弼（四九四～五五七年）是遼東襄平（今遼寧遼陽）人，少有大志，膂力過人。北魏末期的動亂中，原來隸屬爾朱集團，在戰鬥中常常擔任先鋒，衝破敵陣，所向披靡，當時有「莫當李將軍前也」的諺語。

爾朱氏敗亡後，在動亂中李弼投奔宇文泰，於五三七年的沙苑之戰中擊敗東魏高歡，後進位為柱國大將軍。他的次子李暉娶宇文泰女義安長公主，長子支系的一位曾孫，就是隋唐之際的著名人物李密（五八二～六一九年），是瓦崗軍領袖，李淵義弟。李弼在關隴集團中有其特殊性與代表性。他並非六鎮人，不是關中宇文泰的老幹部，也不屬於北魏孝武帝的入關隊伍，甚至還曾與宇文泰對敵。但他看清大勢所趨，適時投奔宇文泰，又以行動證明忠誠可靠，建立功勳，照樣能夠加入關隴集團，參與統治核心，還娶了西魏文帝的女兒安樂公主。

由以上幾個八柱國家族的成員與事蹟，可以明顯看出這組統治族群的特色：不分胡漢、不論籍貫與出身，確實效忠宇文泰，建功立業，互相通婚，關係緊密，而又都以位於關中的西魏—北周政權做為家族資產、官爵與聲望的來源。

府兵制

這是北朝後期到唐朝前期的軍制，創建於西魏，廢止於唐玄宗天寶年間。

府兵制創建初期，全面模仿鮮卑部落制度，以軍事單位代替部落，以將領代替部落酋長，兵士及其家屬全面改從將領的姓，以代替部落人民。等同部落酋長的將領直接統轄其單位，單位內部的各級軍人與其家屬聽命於將領，一如部落內成員聽命於部落酋長。各同級單位彼此不互相統屬，兵士們分別屬於各將領，除皇家衛隊外，不直接隸屬於君主。府兵由六柱國分別統領，以下的各級單位是十二大將軍，二十四開府，四十八儀同，由各級長官平均統領，即各柱國統轄兩大將軍，各大將軍統轄兩開府，各開府統轄兩儀同，每一儀同領兵一千人，總計西魏至北周前期，府兵總數略多於四萬八千人。

府兵制開始創立時，任何隸屬府兵系統的軍人都是特殊階級，其來源包括原北魏六鎮的胡人或胡化漢人、北魏孝武帝入關時帶來的武人，以及在關隴地區收編招募來的人，但限於中等以上家庭出身，總之絕無下層社會的平民參與。府兵制在創建初期，採取兵農分離制。府兵有自己的户口，與農民百姓不同，而且沒有稅負。府兵由軍事行政機構兵府管理，平時一邊農耕或放牧，一邊接受軍事操練，有戰事時出征。府兵制也是一種選擇性徵兵制，即在西魏—北周胡漢融合區實行中等階層以上的兵役，且胡漢兵、將混合編組，由駐紮地的兵府負責徵集、訓練與檔案資料控管。府兵受到國家重視，自許甚高，樸實耐勞，操練確實，又彼此熟識，戰鬥力極強，是對外爭戰，對內控制國家的利器，也是北周、隋唐軍力強大的根源。

到北周後期，周武帝推行中央集權，變更府兵的部署觀念，改軍士為「侍官」，全部隸屬於君主，又擴大府兵規模，招納願意從軍的百姓加入府兵，改民籍為軍籍，府兵因此漸趨普及化與平民化，此後成為隋與唐朝前期的定制。

模仿《周禮》的官制

宇文泰文化政策的考量已如前述，其實行方法則是號稱復古，依照儒家心目中周朝的制度《周禮》，訂定政府組織與規範，以因應關隴集團胡漢共處的現狀，實行胡漢共治。他任用蘇綽、盧辯等漢族知識分子官員將官制改為模仿《周禮》的古制，中央最高行政機構為「六官」，即大冢宰、大司徒、大宗伯、大司馬、大司寇、大司空，皆由柱國大將軍擔任，大冢宰由宇文泰自任。這種組織若以現代政治學的角度分析，有些類似集體領導的內閣制，宇文泰就是西魏的內閣總理、執政集團領袖，西魏皇帝則是虛位元首。

以此為基礎，西魏—北周的朝廷禮儀、典籍文書、官服、公務車輛、器物等，大多照抄《周禮》的規制，國家的公文書則回到《尚書》的形式，讀起來就像這樣：

惟中興十有一年，仲夏，庶邦百辟，咸會於王庭。柱國泰洎羣公列將，罔不來朝。時乃大稽百憲，敷於庶邦，用綏我王度。

（按，這篇以西魏傀儡皇帝口吻發出的文告，出於蘇綽手筆，是宣示官方標準文體的官樣文章，請與《尚書．康誥》比對，不用翻譯了。）

然而這種模仿《周禮》的做法，僅是表面遵循《周禮》而已，實際的目的在利用其名號，以暗合當時政治現狀。也因為如此，西魏依《周禮》改變的官制，大致僅限於中央政府的文官，地方政府仍是郡縣制，並未如周朝將大片土地封建諸侯。軍制更是典型的例子，從表面看，以六柱國領軍，是採用《周禮》的「天子六軍」制度；但因未曾遵循周朝制度封建諸侯，故《周禮》中的「大（諸侯）國三軍、次國二軍、小國一軍」制度也全無蹤影。

等到宇文泰統治後期，西魏已經能夠立定腳跟，以大致均等的力量與東魏—北齊抗衡後，官方典籍文書的體裁就漸漸回歸南北朝的文體，初期模仿周誥的風格也漸漸消失。宇文泰死後，其子孫更不能奉行這種仿古的制度，北周時已逐漸回歸漢、魏制度，北魏併吞北齊後，更採用了部分北齊的制度。總之，宇文泰依《周禮》改制，其實是一時的權宜之計，既非全面，也並未被長久採用；這種表面文章，在階段性任務達成後自然功成身退，宛如船過水無痕。

「中興永式」與西魏施政綱領

宇文泰在西魏推動各方面的改制，其真正目的在建構關隴集團與關中本位制度，扭轉北魏孝文帝華化以來的認同門閥傾向，建立一個以民族融合、尚武、質樸等為領導原則的國家。為達成此目的，西魏政權建立後，立即頒布二十四條新法制，後又增加至三十六條，稱為「中興永式」。主要內容為：嚴禁貪汙、裁減官員、置立正長（按，「正」即閭正、族正，「長」指保長。保、閭、族為地方基層組織名稱）、實行屯田、制定計帳（預計次年賦役的概數，即國家收入預算）和戶籍等制度。蘇綽並總結為六條原則：清心、敦教化、盡地利、擢賢良、恤獄訟、均賦役。宇文泰對此非常重視，以西魏皇帝名義頒行政府各級機構，做為施政綱領，並要求官吏學習，規定不通曉這六條及計帳的人，不能當官。其實這些才是與文泰施政的重點，所以西魏—北周能夠轉弱為強，制度面的原因在此，與依《周禮》

改制並無多少關係。

西魏、北周的和親外交政策

西魏、北周位於黃河中、上游地區，北與蒙古高原上的柔然族、突厥族，西與青海一帶的吐谷渾族接界。對於這兩方面強大的外族，西魏—北周政權採取和親方式應對。由於西魏—北周政權披著將漢人胡化的外衣，以此為號召，其和親外交推行順利，也使西北方邊境相對安靜。

和親外交著名的案例包括西魏宗室千金公主出嫁突厥沙鉢略可汗，西魏文帝元寶炬的兩位皇后乙弗氏、郁久閭氏分別來自吐谷渾與柔然，北周武帝的一位皇后阿史那氏則來自突厥。古代公主出嫁，隨嫁人員甚多，從這幾位外族皇后嫁來的事蹟可以得知，必有相當數量的吐谷渾、柔然與突厥隨嫁人員留在西魏、北周的宮廷與朝廷中。由此可見西魏—北周統治階層中的胡人並不只限於鮮卑族，除當年五胡的後代外，還包括更後期才加入中國歷史的其他胡人族群，也使得這個政權的民族融合政策，更加名符其實。

第三節——西風壓倒東風，北風壓倒南風

南北朝終局

話說天下大勢，合久必分，分久必合。

這是句老生常談，大家耳熟能詳，卻適用於中國歷史上四百年的魏晉南北朝時期。然而中國歷史上的分與合有其特色，我們如果仔細觀察魏晉南北朝的歷史，將會發現，從一八四年起，東漢帝國的崩潰是非常迅速的。黃巾起事後不過幾年時間，帝國內部就出現幾十股地方軍閥的割據勢力，中央政府瓦解，大分裂開始。此後的歷史告訴我們，一旦原來統一的國家迸裂成幾十塊，想要將這些碎片拼拼湊湊，縫縫補補，再變回一片，則極度困難。這就可以解釋為何東漢迅速大崩潰以來，要花上四百年時間，才能見到隋唐。

分裂導致法律無用，秩序喪失，社會進入惟力、惟詐是視的原始叢林狀態，人與人之間充滿差異與衝突，而且冤冤相報，仇恨一代代累積。到這種地步時，要大家捐棄成見，放下仇恨，忘掉「非我族類，其心必異」，再度承認屬於同類，合而為一，可想而知有多困難。所以分裂容易，統一難，而有可能彌平分裂鴻溝的，一是時間的沉澱，二是至少一部分人的覺悟。東漢帝國瓦解後的持續分裂與混亂中，曾出現幾次統一的嘗試，有的表面

上已經成功如西晉，有的也很接近成功如前秦苻堅；但它們在時間沉澱與人心覺悟的條件上都不足，以致都終歸失敗，而且失敗後必然導致再次大分裂，也使分久必合的時間拖得更長。

在這個反覆痛苦的過程中，南北朝（四二〇～五八九年）的出現，代表四百年大分裂進行到一半以後，從分裂到再統一的漫長工作，終於已經進行到一半，表現為中國境內只剩兩個政權。南北朝的歷史進行到第六世紀中葉時，中國北方因胡、漢文化的差異，出現大分裂期間最後一次躁動與不安，開起歷史的倒車，一分為二，東西對立。但也就因為對立起因於文化差異，一旦有一方參透玄機，以實際行動提倡族群融合，並以新文化為號召，則在團結就是力量之下，終能跳脫宿命，終結四百年的分裂，開創輝煌的未來。

南北朝的終局就在時間沉澱足夠，關隴集團參透玄機之後來到。做為分裂動亂的時代，要結束它固然基礎在於文化，但執行層次仍離不開鐵與血。關隴集團結束南北朝有兩個步驟：第一步是經過北魏末年起的分裂後，由北周滅北齊而統一北方；第二步是取代北周的隋朝消滅南方的陳而統一天下。這種過程可稱為「西風壓倒東風，北風壓倒南風」，亦即源自中國西北地區的新生力量，合併了東部與南方，結束了四百年的大分裂格局。因此在討論到南北朝的終局時，必須回答為何是西風壓倒東風，西部合併東部；北風壓倒南風，北方合併南方？

北周取勝北齊的原因

北魏自五三四年起分裂成東魏與西魏。東魏的實際當權者是高歡，西魏的實際當權者是宇文泰，雙方皆以北魏的正統自居。東西魏分裂之初，東魏無論在領土、人口與資源各方面都處於優勢，但經過四十三年的東西對抗後，五七七年北齊卻被北周所滅。依據呂春盛的研究，南北朝後期北方東、西對抗的過程中，雙方力量的消長情形為：

📖 五三四～五五四年：東魏、北齊優勢。
📖 五五五～五七三年：雙方均勢。
📖 五七四～五七七年：北周優勢。

北齊建國於五五〇年，可見北齊建國後不久，其原有的優勢就開始減退，這當然與皇帝高洋的轉變有關；然而北齊篡東魏，是將高歡與東魏孝靜帝持續十餘年微妙的政治平衡打破，從此北齊內部各種勢力競相爭奪，造成皇室殺戮不斷，胡、漢矛盾凸顯，權力轉移的危機始終無法克服，內部力量互相抵消。北齊朝廷中，鮮卑人經常箝制漢人，然而山東漢人世族勢力亦頗為龐大，故二者往往發生衝突，漢人即使無法以武力應對，也普遍消極抵抗。總之，北齊在皇族教養、政治權力分配、族群問題、文化認同問題等各方面都處理失當，遂促使其勢力不斷削弱，終於不敵北周。

北齊的統治者缺乏自覺，也沒有發現當時新生力量可能出現的來源與開發應用的方法。這個皇朝對政治、社會事務的處理方式，仍是遵循魏晉南北朝四百年來的老套：統治集團內部爭權奪利，血腥鬥爭；國內實行九品中正制，將世家大族收入旗下，希望再透過他們控制全國，世族則持續維持既得利益，也有一定力量抗衡中央。在這種狀態下，如果統治者本身清廉努力，則尚可維持，如北魏孝文帝時代；但若統治者縱欲胡為，則上行下效，將很快動搖國家基礎，因為國之將亡時，以維持家族既得利益為先的世家大族顯然不會關切國家前途。這樣的國家，即使開始時擁有較好的立國條件，如土地廣大，人口眾多，經濟發達等，只要政治、經濟、社會條件一成不變，新生的力量無由出現，腐朽的中央無法更新，自然經不起無謂的消耗。

反觀西魏—北周，艱困的環境促使統治者自我覺醒，統治集團不分胡漢互助合作，開發出新生力量，才能扭轉局勢，以弱勝強。宇文泰任用蘇綽、盧辯等人進行改革，建構關中本位政策與關隴集團，將胡、漢融為一爐，使統治階層不分彼此，同心協力；又設置府兵制，建立職業軍人系統，維持尚武精神；更以繼承周朝為文化上的號召，巧妙兼顧胡、漢文化，使全國上下團結，充滿新氣象，力量迅速累積。西魏、北周君臣的作為，說明國家的建設與發展必須先有開創性的藍圖，再配合具有道德觀與責任感的執行者持續推動，方能成功。

北周取勝北齊的主要原因已如上述，但其成功還有許多條件的配合，諸如：

領導人

宇文氏內部爭權殺戮也很激烈，但時間短，範圍小，對國家影響不大。宇文泰與周武帝宇文邕都為人英明雄偉，努力從公，而且當政時間長，使西魏—北周有較長時期的穩定。北齊則有一半時間是瘋狂或童騃的皇帝在位，對國家傷害極大。

宗教與經濟

北周武帝曾經滅佛、滅道，使國家資產、稅收、勞動力和兵力大增，國勢強盛也與此有關。禁佛、道後，北周的僧尼、道士還俗者在三百萬人以上，這個數字超過當時總人口的十分之一。北齊則上下崇佛成風，人口、土地與金錢大量流入寺院，影響到稅收與兵源。

外交

西魏—北周外交靈活，先以和親安撫柔然、吐谷渾，穩定後方。進攻北齊時又通過和親請突厥助戰，同時結好陳國，慫恿南陳出兵北伐，使北齊陷入三面作戰的困境，可謂善於運用國際局勢。

道教與讖緯的支持

東魏—北齊是鮮卑化政權，宗教政策受鮮卑本位主義影響，崇尚外來的佛教，壓抑由漢人創造的道教。其境內的道教被迫反抗，方式則是訴諸天命，利用秦漢以來具有悠久歷史的讖緯預言，頻頻發出對北齊不利的預測，這對飽受鮮卑壓迫的低層漢人影響不小。

依據姜望來對此的研究指出，原來西魏—北周在五行系統中自我認定屬於水德，國家顏色為黑色；高洋篡東魏建北齊，認為北齊在五行系統中屬於木德，將國家顏色定為赤色，為火的顏色，取「木生火」之意。然而五行系統中水剋火，於是就給予道士們製造讖緯的機會，出現「亡高者黑衣」的「黑衣之讖」，流布於天下，矛頭直指高氏政權與佛教，預言他們必被西魏—北周所滅，道教則隨之壓倒佛教。高洋篡東魏建北齊，開國年號為「天保」，不久就有流言：

天保之字，為一大人只十，帝其不過十乎。

（天保這兩個字，是「一」、「大」、「人」、「只」、「十」，皇帝大概不會超過十年吧！）

這種拆字遊戲更是讖緯的慣用手法，可見北齊政權之不得漢人民心，宇文氏政權則正好加以利用。

北方取勝南方的原因

中國北方被起自西北的新生力量統一後，南朝自然岌岌可危，其命運也走到盡頭。南朝的人口數量與經濟能力本來就遠不及北方，而且傳統作風更強，世家大族的地位比北方更加鞏固，加以曾飽受侯景之亂的破壞，難以恢復，顯然更無法對抗甫經統一，銳氣正盛的北方，故即使沒有陳後主，陳也勢必被隋所滅。

當第六世紀中期中國西北地區胡、漢融合，出現充滿朝氣的新生力量後，魏晉南北朝四百年的歷史，便注定在西風壓倒東風，西部合併東部；北風壓倒南風，北方合併南方中走入終局。

終篇語

故事鈎沉得幾行　殘篇古蹟望蒼茫
風流原是南朝夢　肅殺應推北國章
粉墨輪流悲起落　干戈激盪嘆興亡
君知兩卷當年史　多少蕪城映夕陽

我們對南北朝的探訪在此告一段落。作者謹以這首詩與諸位讀者共同回顧這段歷史，希望參與這次探訪的諸君，在深刻玩味體會南北朝歷史後會發現，歷史的真相比想當然爾的小說、戲劇精彩千萬倍，其啟發性與應用性也比小說、戲劇高超千萬倍。在這傳播工具高度發展，虛幻的「歷史故事」充斥的時代，舉世滔滔中，真實歷史、深度歷史的魅力，仍然永遠在呼喚著我們。

資料出處

《魏書》孝靜帝本紀、出帝本紀

《北史》齊本紀（上、中、下篇）、后妃列傳下、齊宗室諸王傳上、恩倖列傳穆提婆

《北齊書》蘭陵武王傳

《周書》各本紀、皇后列傳、楊忠傳、李弼傳、獨孤信傳、蘇綽傳、盧辯傳

《舊唐書》高祖本紀

《隋書》禮儀志六、刑法志、食貨志

《李義山詩集》

陳寅恪，《隋唐制度淵源略論稿》、《唐代政治史述論稿》、《李唐氏族推測之後記》

姜望來，《謠讖與北朝政治研究》

後記

一九七三年（民國六十二年）初夏，我是臺灣大學歷史研究所碩士班二年級的學生，我很徬徨，所以我去見林瑞翰老師、逯耀東老師。

研究所已經快念滿兩年了；可是除去知道自己對魏晉南北朝的歷史較感興趣外，其他一片茫然。那是保衛釣魚臺運動風起雲湧，臺大哲學系事件嚴厲肅殺的時候，對一個學歷史的年輕人而言，本來就是不好過的年代；何況我一年中好不容易琢磨出來的碩士論文構想，隱隱使我感到不安。

在史書裡我讀到東晉偏安江南時，曾幾次嘗試北伐，但皆未成功。我也讀到當時從北方逃到南方的家族稱為「僑姓」，南方本地家族稱為「吳姓」；控制政治、經濟、社會與文化的是世家大族，包括僑姓與吳姓，較低階層的人被稱為「寒門」、「寒素」或「小姓」；政府官員裡還有文官、武將之分。既然以上各種人依晉朝政府流亡到南方的時間，都可以區分為第一代、第二代、第三代等等，那麼，不同身分與世代的東晉人士，對北伐的看法與做法，究竟有什麼差別？例如第二代以後的僑姓世族還堅持北伐嗎？身為吳姓寒門的武將也會自願到北方作戰？

我知道本來想命名〈東晉的北伐之議〉的這篇畢業論文可能惹來麻煩，卻實在喜愛這個構想，捨不得放棄，只得抱著困惑，去請教那時曾在臺大歷史系開過魏晉南北朝史課程的兩位老師：林瑞翰先生與逯耀東先生。

林老師首先答應指導我這個不用功的學生；但他隨即指出，我的程度太差，基本功不足，要我把整部《晉書》與相關年代的《資治通鑑》點讀過，才能談到研究。接著他又表示，為使論文的內容充實，寫作順利，並避免可能遭遇到的政治風險，應該將研究範圍擴大到整個晉朝的世族政治，從西晉寫到東晉，還要帶到一部分南朝。治學嚴謹，為人方正，不苟言笑的林老師那天的話有點嚴厲；但我告辭出來時如釋重負，因為我知道，林老師以他的學術與人生經驗，已經為我的構想，指點出一條實際可行之路。

第二天我去找逯老師。聽完我的敘述後，逯老師深深點頭，他告訴我：「林老師訓你訓得對，你要做完基本功。這個題目可以寫，可是要很小心。」接著逯老師起身，打開一座書櫃，搬出一排書，從後面拿出兩本書，鄭重遞給我，對我說：「這是大陸史學界最近對晉朝研究的書，我從香港回來的時候，藏在襯衫底下帶進來的。你要好好看，雖然不見得同意，也要注意他們的看法。」那是我第一次看簡體字的書，果然被逯老師料中，書中的看法我不能完全同意，卻使我眼界大開，發現也可以用這種角度看歷史，了解到研究任何問題，必須先認識他人已有的研究成果。

經過林、逯兩位老師共同指導，我的論文終於寫成，也順利畢業。我的論文題目叫做〈兩晉世族政治發展演變〉，是個充滿學術氣氛，絕不起眼的名字，果然沒有引起什麼注意。

服完兵役後我投入新聞界工作，因緣際會擔任過多種職務，有了一些人生閱歷後，才體會到當年的膚淺與莽撞，也才更深深感念我的兩位指導老師。第一天林老師嚴格要求我，使我了解原始資料在歷史研究中絕對重要的地位，還以四兩撥千斤的高明遠見，化解可能的政治風險於無形；第二天逯老師把當時犯忌的簡體字書，毫不猶豫地借給第一次請他指導論文，還並不熟悉的一個學生，正顯出在那樣的一種環境裡，他堅持客觀學術研究，盡力指導史學後進的努力，與他對我這樣一個學生人格的完全信任。

林老師、逯老師皆已仙逝，他們當年教導我史法，更以身作則顯示我世法，他們是經師，更是人師，歷史學的研究精神與風格，就如此傳承下來。如今我居然也在臺北市長官邸藝文沙龍、洪建全教育文化基金會敏隆講堂等處講授過魏晉南北朝史，距離最早修習林老師的魏晉南北朝課程，竟已整整五十年。五十年間我踏過的歧路眾多，終於未曾亡失魏晉南北朝歷史之羊，如今這部南北朝史書在我古稀之年出版，或許終於可以告慰二位恩師教誨我、保護我的苦心於萬一。

葉言都於臺北

尋，江南煙雨花落盡
看，北國天下起風雲

附錄一

讓我們探訪北朝文物

北魏青釉龍柄雞首壺
河北博物院

北朝彩繪陶女立俑
徐州博物館

北朝彩繪陶黑衣男立俑
徐州博物館

北朝彩繪陶雙髻女立俑
徐州博物館

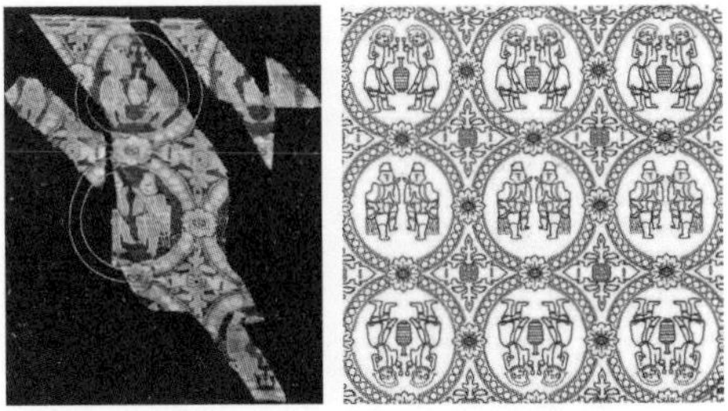

北朝西域絲綢殘片及圖紋復原

中國絲綢博物館

北魏狩獵紋波斯銀盤

山西博物院

北魏彩繪帶弓箭男立俑

陝西歷史博物館

西魏彩繪胡人持盾武士俑

陝西歷史博物館

西魏陶文官、武官俑
中國國家博物館

北齊胡人舞俑
山西博物院藏

北魏雜技俑
山西博物院

北魏石雕方硯
山西博物院

東魏造像石

山西博物院

北魏延興五年銅鎏金立形釋迦像

河北博物院

北魏交腳彌勒佛像

河北博物院

北朝銅鎏金帶華蓋坐形釋迦像

河北博物院

尋，江南煙雨花落盡
看，北國天下起風雲

附錄二

南北朝歷史大事年表

西元年	南朝紀年	北朝紀年	歷史事件
420	東晉元熙2 劉宋永初元	北魏泰常5	宋武帝劉裕篡晉建南朝宋，東晉亡，南朝開始。
422	劉宋永初3	北魏泰常7	宋武帝死，少帝繼位。
423	劉宋景平元	北魏泰常8	北魏明元帝死，太武帝繼位。
424	劉宋景平2 元嘉元	北魏始光元	宋少帝被大臣所殺，文帝繼位。 寇謙之建北天師道。
426	劉宋元嘉3	北魏始光3	宋文帝殺徐羨之等大臣，親政，整頓吏治。
427	劉宋元嘉4	北魏始光4	北魏攻陷胡夏首都統萬城。
430	劉宋元嘉7	北魏神麍3	劉宋北伐失敗。
433	劉宋元嘉10	北魏延和2	宋文帝殺謝靈運。
436	劉宋元嘉13	北魏太延2	北魏滅北燕。
437	劉宋元嘉14	北魏太延3	北魏通西域。
438	劉宋元嘉15	北魏太延4	劉宋開辦儒、玄、史、文四學。
439	劉宋元嘉16	北魏太延5	北魏滅北涼，統一北方，十六國時期結束，北朝開始。
440	劉宋元嘉17	北魏 太平真君元	北魏太武帝皈依道教。
443	劉宋元嘉20	北魏 太平真君4	北魏派員至大興安嶺嘎仙洞祭祀祖先，銘刻祝文。
446	劉宋元嘉23	北魏 太平真君7	北魏太武帝禁佛教。
450	劉宋元嘉27	北魏 太平真君11	北魏南征，攻至長江邊。 北魏殺崔浩及漢人世族。

西元年	南朝紀年	北朝紀年	歷史事件
452	劉宋元嘉29	北魏正平2 承平元 興安元	北魏太武帝被宦官宗愛所殺，宗愛立拓拔余為帝，後又殺之，大臣殺宗愛，立文成帝。
453	劉宋元嘉30	北魏興安2	宋太子劉劭弒文帝自立，孝武帝擊滅劉劭繼位。
460	劉宋大明4	北魏和平元	雲岡石窟開鑿。
462	劉宋大明6	北魏和平3	祖沖之制定《大明曆》。
464	劉宋大明8	北魏和平5	宋孝武帝死，前廢帝繼位。
465	劉宋永光元 景和元 泰始元	北魏和平6	北魏文成帝死，獻文帝繼位。 劉宋劉彧弒前廢帝，繼位為明帝。
466	劉宋泰始2	北魏天安元	北魏馮太后開始當政。
471	劉宋泰始7	北魏皇興5 延興元	宋明帝大殺皇室親屬。 北魏獻文帝傳位孝文帝。
472	劉宋泰豫元	北魏延興2	宋明帝死，後廢帝繼位。
476	劉宋元徽4	北魏延興6 承明元	北魏馮太后毒死太上皇獻文帝。
477	劉宋元徽5 昇明元	北魏太和元	宋後廢帝被殺，蕭道成立順帝繼位。
479	劉宋昇明3 南齊建元元	北魏太和3	齊高帝蕭道成篡劉宋，建南齊，劉宋亡。
482	南齊建元4	北魏太和6	齊高帝死，武帝繼位。
484	南齊永明2	北魏太和8	北魏推行班祿制。
485	南齊永明3	北魏太和9	北魏推行均田制。
486	南齊永明4	北魏太和10	北魏推行三長制、租庸調制。

西元年	南朝紀年	北朝紀年	歷史事件
487	南齊永明5	北魏太和11	北魏破柔然。
490	南齊永明8	北魏太和14	北魏馮太后死，孝文帝親政。
493	南齊永明11	北魏太和17	齊武帝死，廢帝鬱林王繼位。 北魏孝文帝推動遷都計畫。
494	南齊隆昌元 延興元 建武元	北魏太和18	南齊蕭鸞連廢鬱林王、海陵王二帝，繼位為明帝。 北魏遷都洛陽，改革衣冠。
495	南齊建武2	北魏太和19	北魏以漢語為國語，南征。
496	南齊建武3	北魏太和20	北魏皇室改姓元，太子私逃被廢殺。
498	南齊永泰元	北魏太和22	齊明帝死，東昏侯繼位。 北魏孝文帝南伐，敗南齊。
499	南齊永元元	北魏太和23	北魏孝文帝死，宣武帝繼位。
501	南齊永元3 中興元	北魏景明2	蕭衍起兵，立齊和帝，東昏侯被殺。
502	南齊中興2 南梁天監元	北魏景明3	梁武帝蕭衍篡齊，建南梁，南齊亡。
504	南梁天監3	北魏正始元	梁以佛教為國教。
506	南梁天監5	北魏正始3	梁北伐失敗，〈與陳伯之書〉寫作。
507	南梁天監6	北魏正始4	梁范縝著《神滅論》。 梁大破北魏軍。
510	南梁天監9	北魏永平3	北魏鑄五銖錢。
512	南梁天監11	北魏永平5 延昌元	北魏廢除「母死子貴」制度。
515	南梁天監14	北魏延昌4	北魏宣武帝死，孝明帝繼位，胡太后掌權。

西元年	南朝紀年	北朝紀年	歷史事件
516	南梁天監15	北魏熙平元	梁所建浮山堰崩潰。
523	南梁普通4	北魏正光4	六鎮之變，破六韓拔陵起事。
525	南梁普通6	北魏孝昌元	柔然出兵助北魏，六鎮之變結束，河北民變開始。
527	南梁普通8 大通元	北魏孝昌3	梁武帝捨身同泰寺。 酈道元完成《水經注》。 達摩見梁武帝。
528	南梁大通2	北魏武泰元 建義元 永安元	北魏胡太后殺孝明帝，立幼主，爾朱榮起兵，攻入洛陽。 河陰之變爾朱榮殺胡太后、幼主、大批官員，立孝莊帝。 南梁派陳慶之北伐，克洛陽。
529	南梁大通3 中大通元	北魏永安2	梁武帝第二次捨身同泰寺。 爾朱氏反攻，南梁北伐失敗。
530	南梁中大通2	北魏永安3 建明元	北魏孝莊帝殺爾朱榮等，爾朱兆殺孝莊帝，立長廣王。
531	南梁中大通3	北魏建明2 普泰元 中興元	爾朱兆殺長廣王，立節閔帝，高歡立安定王為帝對抗。
532	南梁中大通4	北魏中興2 太昌元 永興元 永熙元	高歡平定爾朱氏，殺節閔帝、安定王，立孝武帝。
534	南梁中大通6	北魏永熙3 東魏天平元	北魏孝武帝被高歡擊敗，逃往關中投奔宇文泰，被殺。高歡立孝靜帝，東魏開始，北魏因分裂而結束。
535	南梁大同元	東魏天平2 西魏大統元	宇文泰立西魏文帝，西魏開始，與東魏開始長期作戰。 西魏蘇綽制定户籍法、記帳法。

西元年	南朝紀年	北朝紀年	歷史事件
537	南梁大同3	東魏天平4 西魏大統3	東、西魏沙苑大戰，宇文泰擊敗高歡。
538	南梁大同4	東魏元象元 西魏大統4	西魏與柔然和親。
543	南梁大同9	東魏武定元 西魏大統9	邙山之戰，東魏大敗西魏。
544	南梁大同10	東魏武定2 西魏大統10	西魏蘇綽制定六條詔書。 東魏檢括户口。
545	南梁大同11	東魏武定3 西魏大統11	東魏高歡娶柔然公主。 西魏蘇綽仿《尚書》文體作《大誥》。
546	南梁大同12 中大同元	東魏武定4 西魏大統12	梁武帝第三次捨身同泰寺，贖金2億錢。
547	南梁中大同2 太清元	東魏武定5 西魏大統13	高歡死，高澄繼承，幽禁東魏孝靜帝。 梁武帝第四次捨身同泰寺。
548	南梁太清2	東魏武定6 西魏大統14	侯景叛梁，攻入建康，圍臺城。 真諦至建康。
549	南梁太清3	東魏武定7 西魏大統15	侯景攻破臺城，梁武帝死，侯景立梁簡文帝繼位。 東魏高澄遇刺死，高洋繼承。
550	南梁太清4 大寶元	東魏武定8 北齊天保元 西魏大統16	北齊文宣帝高洋篡東魏，建北齊，東魏亡。 西魏行府兵制。
551	南梁大寶2 天正元	西魏大統17 北齊天保2	侯景廢殺簡文帝，立豫章王，後篡位稱帝，國號漢。蕭繹自立為元帝。 西魏文帝死，廢帝繼位。
552	南梁承聖元	西魏廢帝元 北齊天保3	陳霸先等擊侯景，侯景敗死。

西元年	南朝紀年	北朝紀年	歷史事件
554	南梁承聖3	西魏廢帝3 恭帝元 北齊天保5	西魏宇文泰廢殺廢帝，立恭帝。西魏攻破江陵，俘梁元帝，佔領荊州。梁元帝城破前大舉焚書。顏之推被俘北去。西魏皇帝復姓拓跋。
555	南梁承聖4 紹泰元	西魏恭帝2 北齊天保6	陳霸先立梁敬帝。 西魏立蕭詧為帝於江陵，後梁開始。 北齊滅道教。
556	南梁紹泰2 太平元	西魏恭帝3 北齊天保7	西魏仿《周禮》設六官。 宇文泰死，宇文覺繼承，宇文護掌權。
557	南梁太平2 南陳永定元	北齊天保8 北周孝閔帝元 明帝元	北周孝閔帝宇文覺篡西魏，建北周，西魏亡，北魏相關政權全部終結。 北周宇文護廢殺孝閔帝，立明帝。 陳武帝陳霸先篡梁，建陳朝，南梁亡。
559	南陳永定3	北齊天保10 北周武成元	陳武帝死，文帝繼位。 北齊文宣帝死，廢帝繼位。
560	南陳天嘉元	北齊乾明元 皇建元 北周武成2	北周宇文護弒明帝，立武帝。 北齊孝昭帝廢殺廢帝稱帝。
561	南陳天嘉2	北齊皇建2 太寧元 北周保定元	北齊孝昭帝死，武成帝繼位。
565	南陳天嘉6	北齊河清4 天統元 北周保定5	北齊武成帝傳位後主。
566	南陳天康元	北齊天統2 北周天和元	陳文帝死，廢帝繼位。
568	南陳光大2	北齊天統4 北周天和3	陳宣帝廢殺廢帝繼位。 北齊太上皇武成帝死。

西元年	南朝紀年	北朝紀年	歷史事件
572	南陳太建4	北齊武平3 北周天和7 建德元	北周武帝殺宇文護等，開始親政。
573	南陳太建5	北齊武平4 北周建德2	北齊後主殺蘭陵王。 陳派吳明徹北伐，敗北齊，取淮南地區。
574	南陳太建6	北齊武平5 北周建德3	北周武帝滅佛教，兼及道教。
575	南陳太建7	北齊武平6 北周建德4	北周大舉攻北齊。
577	南陳太建9	北齊承光元 北周建德6	北齊後主傳位幼主，北周滅北齊，俘後主、幼主、馮左皇后等，北方統一。 南陳北伐，敗於北周，喪失淮南地區。
578	南陳太建10	北周建德7 宣政元	北周武帝死，宣帝繼位。 庾信作〈哀江南賦〉。
579	南陳太建11	北周大成元 大象元	北周宣帝傳位靜帝。
580	南陳太建12	北周大象2	楊堅為北周攝政，封隋王。 北周太上皇宣帝死。
581	南陳太建13	北周大象3 大定元 隋開皇元	隋文帝楊堅篡北周，建隋朝，北周亡。 北朝結束。
582	南陳太建14	隋開皇2	陳宣帝死，後主繼位。
587	南陳禎明元	隋開皇7	隋滅後梁。
588	南陳禎明2	隋開皇8	隋以楊廣統軍大舉攻陳。
589	南陳禎明3	隋開皇9	隋攻入建康，俘陳後主，陳亡。 南朝結束，南北朝結束，中國復歸統一。

作家作品集 0090

葉言都探歷史

讓我們來到北朝——看，北國天下起風雲

作　者—葉言都
主　編—李麗玲
校　對—李麗玲、沈維君
地圖繪製—邱佳葳
封面暨內頁設計—陳恩安
企　劃—金多誠
內頁排版—立全電腦印前排版有限公司

總編輯—曾文娟
董事長—趙政岷
出版者—時報文化出版企業股份有限公司
一〇八〇一九台北市和平西路三段二四〇號七樓
發行專線—（〇二）二三〇六—六八四二
讀者服務專線—〇八〇〇—二三一—七〇五
（〇二）二三〇四—七一〇三
讀者服務傳真—（〇二）二三〇四—六八五八
郵撥—一九三四四七二四時報文化出版公司
信箱—一〇八九九臺北華江橋郵局第九九信箱

時報悅讀網—http://www.readingtimes.com.tw
電子郵件信箱—new@readingtimes.com.tw
法律顧問—理律法律事務所　陳長文律師、李念祖律師
印　刷—紘億印刷有限公司
初版一刷—二〇一九年十月十八日
初版五刷—二〇二一年三月三十日
定　價—新台幣三五〇元
（缺頁或破損的書，請寄回更換）

時報文化出版公司成立於一九七五年，
一九九九年股票上櫃公開發行，二〇〇八年脫離中時集團非屬旺中，
以「尊重智慧與創意的文化事業」為信念。

讓我們來到北朝 : 看,北國天下起風雲 / 葉言都著. -- 初版. -- 臺北市 : 時報文化, 2019.10
面；　公分. -- (作家作品集 ; 90)(葉言都探歷史)
ISBN 978-957-13-7985-2(平裝)

1.北朝史

623.6　　108016584

ISBN 978-957-13-7985-2（平裝）
Printed in Taiwan